Internacionalización de PYMES: gestión del transporte y aduanas

avanza editorial

Editado por:
EDITORIAL FAE, S.L.U.
Correo electrónico: editorial@editorialfae.com

Internacionalización de PYMES: gestión del transporte y aduanas
Gema Magraner Fuentes

1ª Edición

Se ha puesto el máximo empeño en ofrecer al lector una información completa y precisa. Sin embargo, Editorial FAE, S.L.U. no asume ninguna responsabilidad derivada de su uso ni tampoco de cualquier violación de patentes ni otros derechos de terceras partes que pudieran ocurrir. Esta publicación tiene por objeto proporcionar unos conocimientos precisos y acreditados sobre el tema tratado. Su venta no supone para el editor ninguna forma de asistencia legal, administrativa o de ningún otro tipo.

ISBN: 978-84-1135-336-6

Impreso en España

Índice

U. A. 1. Realidad y tendencia actual

U. A. 2. Programas de aplicación de PYMES

U. A. 3. Transporte internacional

U. A. 4. Contratación internacional

U. A. 5. Incoterms

U. A. 6. Aduanas

Índice

U. A. 1. Realidad y tendencia actual

Introducción

La globalización ha tenido un impacto significativo en la economía mundial, y el sector del transporte y la logística no es una excepción. La apertura de los mercados y la eliminación de barreras comerciales han llevado a una mayor competencia, obligando a las empresas a buscar nuevas formas de mejorar su eficiencia y rentabilidad. Como resultado, la deslocalización y la especialización se han convertido en tendencias comunes en el sector.

Por otro lado, el surgimiento de presiones neoproteccionistas ha generado incertidumbre en el comercio internacional y ha obligado a las empresas a adaptarse a nuevos requisitos regulatorios y aranceles aduaneros. Además, la aparición de áreas supranacionales como la Unión Europea ha creado nuevas oportunidades y desafíos para el sector del transporte y la logística.

En esta unidad de aprendizaje exploraremos cómo estas tendencias están transformando el sector del transporte y la logística, y cómo las empresas pueden adaptarse a estos cambios para seguir siendo competitivas en un mercado globalizado y cada vez más complejo.

Objetivos

- Comprender los conceptos clave de la globalización, deslocalización, especialización, presiones neoproteccionistas y áreas supranacionales, y su impacto en el sector del transporte y la logística.
- Analizar los factores que impulsan la deslocalización y la especialización en el sector del transporte y la logística, y cómo afectan a la cadena de suministro global.
- Evaluar las estrategias que las empresas pueden utilizar para adaptarse a las presiones neoproteccionistas, incluyendo la diversificación de la base de proveedores y la mejora de la eficiencia en la cadena de suministro.
- Identificar los principales desafíos y oportunidades que surgen de la creación de áreas supranacionales, como la Unión Europea, para el sector del transporte y la logística.
- Analizar el papel de la tecnología en la transformación del sector del transporte y la logística, incluyendo la automatización, la inteligencia artificial y la analítica de datos.
- Desarrollar habilidades para realizar análisis críticos y proponer soluciones innovadoras a los desafíos actuales y futuros que enfrenta el sector del transporte y la logística en un mundo globalizado y cada vez más interconectado.

1. Globalización

Cuando hablamos de globalización nos referimos a un proceso económico, tecnológico, político, social, empresarial y cultural a escala mundial que consiste en la creciente comunicación e interdependencia entre los distintos países del mundo, uniendo sus mercados, sociedades y culturas a través de una serie de transformaciones sociales, económicas y políticas que les dan un carácter global.

La globalización puede tener tanto efectos positivos como negativos sobre el entorno económico de las organizaciones, dependiendo del contexto y de la forma en que se gestione. A continuación, se presentan algunos de los efectos más relevantes:

A. Efectos positivos

La globalización produce los siguientes efectos positivos:

- **Mayor acceso a mercados:** La globalización permite a las organizaciones acceder a nuevos mercados y clientes potenciales en todo el mundo. Esto puede generar mayores oportunidades de negocio y aumentar la demanda de productos y servicios.

Fig. 1. Los transportes actuales han hecho el comercio global

- **Reducción de costos**: La globalización puede permitir a las organizaciones reducir sus costos de producción mediante la externalización de procesos, la adquisición de materias primas y la contratación de trabajadores más baratos en otros países.

- **Incremento de la competencia**: La globalización puede aumentar la competencia entre las organizaciones, lo que puede llevar a una mejora en la calidad de los productos y servicios ofrecidos, y a una reducción de los precios.

- **Innovación tecnológica**: La globalización puede estimular la innovación tecnológica y la transferencia de conocimientos entre países, lo que puede llevar a mejoras en la eficiencia y la productividad.

B. Efectos negativos

La globalización también produce efectos negativos que son los que se exponen a continuación:

- **Mayor inestabilidad económica**: La globalización puede llevar a una mayor inestabilidad económica, debido a la interconexión de los mercados financieros y a la rápida propagación de las crisis económicas.

- **Deslocalización de empleos**: La externalización de procesos y la contratación de trabajadores más baratos en otros países puede llevar a la deslocalización de empleos, lo que puede tener un impacto negativo en las comunidades locales.

- **Desigualdades económicas**: La globalización puede llevar a un aumento de las desigualdades económicas entre países y dentro de ellos, debido a la concentración de la riqueza en manos de un pequeño grupo de empresas y personas.

- **Pérdida de identidad cultural**: La globalización puede llevar a la homogeneización de la cultura y a la pérdida de la diversidad cultural y lingüística en los países.

En conclusión, la globalización puede tener tanto efectos positivos como negativos sobre el entorno económico de las organizaciones. Es importante que las organizaciones y los gobiernos tomen medidas para gestionar los efectos negativos de la globalización y maximizar los beneficios potenciales.

2. Deslocalización

La deslocalización en empresas se refiere al proceso de trasladar la producción o los servicios de transporte y logística a un país con costos laborales más bajos. En este sentido, las empresas pueden establecer centros de producción o centros logísticos en países donde los salarios y otros costos son más bajos que en el país de origen, lo que les permite reducir los costos de producción y, en última instancia, aumentar su rentabilidad.

Por otro lado, también pueden conseguir una mejora de la eficiencia operativa, la reducción de costos laborales y fiscales, el acceso a nuevos mercados y la diversificación del riesgo.

 Importante

La deslocalización de las empresas de transporte puede tener un impacto significativo en la economía local y global. En algunos casos, la reubicación puede resultar en la pérdida de empleos, el cierre de fábricas y la disminución de la inversión en una determinada región.

Por otro lado, la deslocalización también puede traer beneficios económicos a largo plazo, como el aumento de la competitividad y la creación de nuevos empleos.

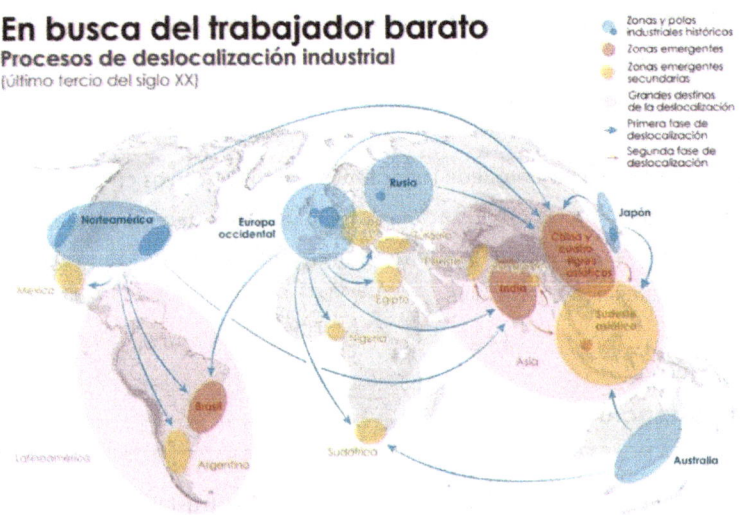

En busca del trabajador barato

Procesos de deslocalización industrial

(último tercio del siglo XX)

Fig. 2. Las grandes empresas buscan trabajadores en países de desarrollo

Las empresas, deben considerar varios factores antes de tomar la decisión de deslocalizar su operación de transporte.

A continuación, se muestran los factores que más influyen:

- **Costes**: La empresa debe evaluar cuidadosamente los costes de operar en el país de Europa del Este en comparación con los costes de operar en España. Esto incluye los costes de mano de obra, los costes de alquiler de instalaciones y los costes de transporte.

- **Infraestructura**: La empresa debe evaluar la calidad de la infraestructura de transporte en el país de Europa del Este, incluyendo las carreteras, los puentes y los sistemas de transporte público.

- **Regulaciones**: La empresa debe evaluar las regulaciones y los requisitos legales para operar en el país de Europa del Este, incluyendo las regulaciones laborales y fiscales.

- **Cultura empresarial**: La empresa debe evaluar la cultura empresarial en el país de Europa del Este para asegurarse de que se adapta a su modelo de negocio.

Por último, es conveniente destacar algunas estrategias a seguir a la hora de plantearse la deslocalización en una empresa, ya sea de transporte o de cualquier otro sector empresarial: para minimizar los impactos negativos de la deslocalización en las comunidades y los trabajadores afectados, las empresas pueden implementar estrategias como la capacitación y reubicación de los trabajadores, la promoción del empleo local, la colaboración con organizaciones locales y la adopción de políticas de responsabilidad social corporativa.

3. Especialización

La especialización en empresas de transporte se refiere a la concentración de una empresa en un área particular del transporte, ya sea el transporte de mercancías peligrosas, el transporte de productos frescos, el transporte de carga pesada, entre otros.

Esta especialización puede ser una estrategia efectiva para las empresas que buscan diferenciarse de la competencia y ofrecer servicios altamente especializados y personalizados a sus clientes.

La especialización en empresas de transporte puede ofrecer varias ventajas. En primer lugar, puede permitir a las empresas ofrecer servicios personalizados y de alta calidad a sus clientes. Además, puede ayudar a las empresas a desarrollar una experiencia y conocimientos especializados en un área particular, lo que puede aumentar la eficiencia y reducir los costos.

Fig. 3. La especialización del transporte es cada vez más exigente

Sin embargo, la especialización también puede presentar desafíos para las empresas de transporte. En particular, puede limitar la flexibilidad de la empresa para adaptarse a cambios en el mercado o para diversificar sus operaciones. Además, la especialización puede requerir inversiones significativas en equipo y capacitación, lo que puede ser una barrera de entrada para nuevas empresas.

En general, la especialización en empresas de transporte puede ser una estrategia efectiva para las empresas que buscan destacarse en un mercado competitivo. Sin embargo, es importante que las empresas consideren cuidadosamente los costos y beneficios de la especialización antes de comprometerse completamente con esta estrategia.

4. Presiones neoproteccionistas

En la actualidad, nos encontramos con una tendencia creciente hacia políticas económicas proteccionistas que buscan restringir el comercio internacional y favorecer a las empresas nacionales.

Esta tendencia ha sido impulsada por varios factores, incluyendo la creciente competencia global, el aumento del desempleo en algunos países y el aumento de la preocupación por la seguridad nacional.

En el sector del transporte y la logística, las políticas neoproteccionistas pueden tomar varias formas.

Por ejemplo, los gobiernos pueden imponer aranceles y otras barreras comerciales a las importaciones de bienes, lo que aumenta los costos para las empresas extranjeras que operan en el país.

También pueden imponer restricciones a la entrada de empresas extranjeras en el mercado nacional o fomentar la adquisición de empresas nacionales por parte de empresas nacionales.

Estas políticas pueden tener consecuencias significativas para las empresas de transporte y logística que operan en el mercado global. En particular, pueden limitar la capacidad de las empresas para competir en el mercado internacional y reducir su acceso a nuevos mercados.

Además, pueden aumentar los costos de los bienes importados y restringir la capacidad de las empresas para acceder a los bienes y servicios necesarios para operar.

Fig. 4. Los nuevos aranceles a productos exteriores hacen que se dispare su precio final

Para hacer frente a las presiones neoproteccionistas en el sector del transporte y la logística, las empresas deben ser proactivas y estar preparadas para adaptarse a los cambios en el mercado.

Esto puede incluir la búsqueda de nuevos mercados y la diversificación de sus operaciones para reducir la dependencia de un mercado o un producto en particular.

Además, las empresas pueden colaborar con otros actores del sector para presionar a los gobiernos y promover políticas comerciales más abiertas y justas.

5. Áreas supranacionales

En ocasiones, las organizaciones agrupan a varios países con el objetivo de facilitar el comercio y la cooperación en el sector. Estas organizaciones tienen como objetivo mejorar la eficiencia del transporte y la logística, así como reducir los costos y mejorar la competitividad de las empresas en la región.

Entre las áreas supranacionales más importantes en el sector del transporte y la logística se encuentran la Unión Europea (UE), la Asociación de Naciones del Sudeste Asiático (ASEAN) y la Comunidad de Estados Independientes (CEI). Cada una de estas áreas supranacionales tiene un conjunto de objetivos y políticas específicos para mejorar el transporte y la logística dentro de su región.

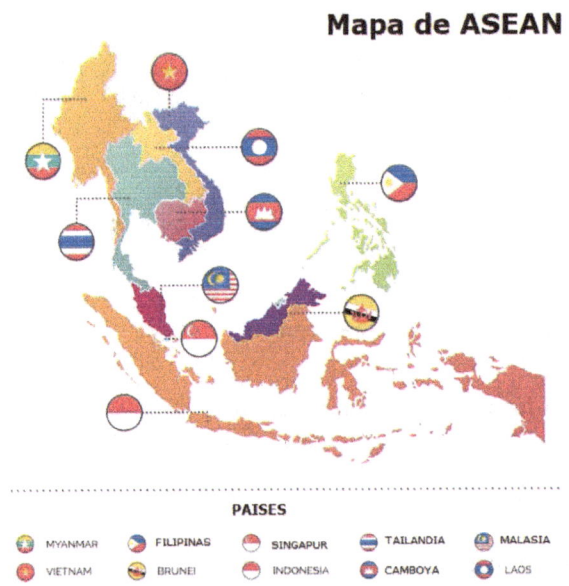

Fig. 5. La ASEAN es un ejemplo de asociación de naciones en Asia Sudoriental para obtener beneficios

Por ejemplo, la UE ha desarrollado una serie de políticas y proyectos para mejorar la interoperabilidad de los sistemas de transporte en la región, como la creación de redes transeuropeas de transporte y la implementación de sistemas de información en tiempo real para mejorar la gestión del tráfico.

Por su parte, ASEAN ha centrado sus esfuerzos en la armonización de los reglamentos y procedimientos de transporte en la región, así como en el desarrollo de infraestructuras de transporte y logística.

Estas áreas supranacionales tienen el potencial de generar importantes beneficios para las empresas de transporte y logística. En particular, pueden mejorar la eficiencia y la calidad del transporte y la logística, lo que puede reducir los costos y mejorar la competitividad de las empresas en la región.

Además, estas organizaciones pueden ayudar a las empresas a acceder a nuevos mercados y reducir las barreras al comercio internacional.

Sin embargo, también pueden presentar desafíos, como la necesidad de equilibrar los intereses y necesidades de diferentes países y actores del sector. Además, pueden requerir la inversión de recursos significativos para la coordinación y la implementación de políticas y regulaciones a nivel internacional.

En general, las áreas supranacionales son un medio efectivo para promover la cooperación y la coordinación entre los diferentes países y actores del sector. Si se implementan correctamente, pueden mejorar la eficiencia del sector y promover el comercio internacional y la integración de los sistemas de transporte y logística. Por ello, pueden ser una herramienta importante para mejorar la eficiencia y la competitividad en la región.

U. A. 1. Realidad y tendencia actual

Resumen

En esta unidad de aprendizaje se ha tratado la realidad y tendencia actual en el sector del transporte y la logística.

Tal como hemos analizado anteriormente, la globalización ha tenido un gran impacto en este sector, impulsando la necesidad de soluciones de transporte y logística a nivel internacional.

La deslocalización y la especialización son dos tendencias importantes que han surgido en respuesta a la globalización, con las empresas de transporte buscando reducir costos y mejorar la eficiencia al establecerse en otros países y especializarse en áreas específicas del transporte y la logística.

Sin embargo, también ha habido presiones neoproteccionistas que han surgido, con algunos países adoptando políticas comerciales más proteccionistas para proteger sus economías nacionales. A pesar de estas presiones, el sector del transporte y la logística sigue siendo cada vez más supranacional, con la creación de áreas de libre comercio y la implementación de acuerdos internacionales que buscan promover el comercio y la cooperación entre los países.

En conclusión, el sector del transporte y la logística es un sector cada vez más globalizado y supranacional, y está en constante evolución en respuesta a las tendencias económicas y políticas globales.

La adaptabilidad y la capacidad de innovar son esenciales para las empresas de transporte y logística que buscan tener éxito en un entorno empresarial cada vez más competitivo.

U. A. 1. Realidad y tendencia actual

Glosario

Arancel

Un arancel es un impuesto que se cobra sobre los bienes que se importan o exportan entre dos países. Es una forma de proteccionismo comercial que busca aumentar los precios de los productos extranjeros para hacer que los productos nacionales sean más competitivos y atractivos para los consumidores.

ASEAN

ASEAN (Asociación de Naciones del Sudeste Asiático) es una organización regional intergubernamental compuesta por diez países del sudeste asiático.

Brecha salarial

La brecha salarial se refiere a la diferencia en el ingreso entre dos o más grupos de trabajadores, generalmente definidos por género, raza, etnia, edad u otra característica similar.

Cadena de suministro

La cadena de suministro, también conocida como cadena de abastecimiento, es el conjunto de actividades y procesos que se llevan a cabo para producir y distribuir un producto o servicio desde su origen hasta su destino final.

CEI (Comunidad de Estados Independientes)

Es una organización regional que fue creada en 1991 tras la disolución de la Unión Soviética. El objetivo principal de la CEI es promover la cooperación económica, política y cultural entre los estados miembros, así como apoyar el desarrollo y la integración de los países de la región.

Interdependencia

La interdependencia entre países se refiere a la relación mutua y recíproca que existe entre distintas naciones, y que se basa en la necesidad de colaborar y coordinarse en diferentes ámbitos, tales como el comercio, la política, la seguridad, la tecnología, el medio ambiente, entre otros.

U. A. 1. Realidad y tendencia actual

Ejercicios de autoevaluación

1. ¿Qué es la globalización?

    a. La reducción de la actividad económica a nivel local.

    b. El aislamiento económico de un país.

    c. La creciente interconexión e interdependencia de los mercados y las economías a nivel mundial.

    d. La falta de competencia en el mercado internacional.

2. ¿Qué es la deslocalización?

    a. El proceso de trasladar una empresa a un país con costos laborales más bajos.

    b. El proceso de consolidar el negocio de una empresa en un solo país.

    c. El proceso de aumentar los costos de producción en un país.

    d. El proceso de centralizar la producción en un solo país.

3. ¿Qué es la especialización?

    a. La diversificación de la producción de una empresa.

    b. El proceso de enfocar la producción de una empresa en un número limitado de productos o servicios.

    c. La estrategia de producir todos los componentes de un producto en la misma planta.

    d. El proceso de trasladar la producción de una empresa a otro país.

4. ¿Qué son las presiones neoproteccionistas?

   a. Las políticas económicas que promueven la libre circulación de bienes y servicios.
   b. Las políticas económicas que favorecen la competencia internacional.
   c. Las políticas económicas que buscan proteger la industria local a través de barreras comerciales y aranceles.
   d. Las políticas económicas que buscan desregularizar el mercado.

5. ¿Qué son las áreas supranacionales?

   a. Grupos de empresas que se unen para competir en el mercado internacional.
   b. Grupos de países que se unen para formar un mercado común y coordinar políticas económicas.
   c. Grupos de trabajadores que se organizan para proteger sus derechos laborales.
   d. Grupos de consumidores que se unen para negociar precios más bajos.

6. ¿Cuál es uno de los principales efectos de la globalización en el sector del transporte y la logística?

   a. La reducción de los costos de transporte.
   b. El aumento de la competencia entre los proveedores de transporte y logística.
   c. La creación de nuevas barreras comerciales.
   d. La disminución de la demanda de servicios de transporte y logística.

7. ¿Qué ventaja tiene la deslocalización para las empresas?

   a. La reducción de los costos laborales.
   b. La creación de empleo en el país de origen.
   c. El aumento de los costos de producción.
   d. La mejora de la calidad de los productos.

8. ¿Qué son las barreras comerciales?

   a. Las políticas que favorecen el libre comercio entre países.

   b. Las restricciones impuestas por los gobiernos para limitar el comercio internacional, como los aranceles y las cuotas de importación.

   c. Las normas y regulaciones que favorecen la cooperación económica entre países.

   d. Las organizaciones internacionales que promueven la eliminación de las barreras comerciales entre países.

9. ¿Qué es la liberalización del comercio?

   a. La eliminación de las barreras comerciales entre países para fomentar la competencia y el libre mercado.

   b. La creación de barreras comerciales para proteger el mercado doméstico de la competencia extranjera.

   c. La concentración de la producción y los servicios en un solo país.

   d. La reubicación de la producción y los servicios en otro país o región.

10. ¿Cómo se llama asociación de naciones en Asia Sudoriental para obtener beneficios?

   a. CEI.

   b. ASEAN.

   c. UE.

   d. USA.

U. A. 1. Realidad y tendencia actual

U. A. 2. Programas de aplicación de pymes

Introducción

En la siguiente unidad de aprendizaje, se abordarán dos temas importantes para las empresas: las pequeñas y medianas empresas (Pymes) en el sector del transporte y la logística, y el Programa de Internacionalización de la Empresa (PIPE).

Las Pymes son fundamentales en el sector del transporte y la logística debido a su flexibilidad y capacidad de adaptación a las necesidades del mercado. En este sentido, se analizarán sus principales características, retos, oportunidades y estrategias de éxito.

Por otro lado, el PIPE es un conjunto de estrategias y acciones planificadas que buscan la internacionalización de una empresa, y que incluyen desde el análisis del mercado y la competencia, hasta la gestión de la logística internacional y la evaluación constante del programa.

En definitiva, ambos temas son clave para el éxito y crecimiento de las empresas en un entorno cada vez más competitivo y globalizado.

Objetivos

- Comprender la importancia de las pequeñas y medianas empresas en el sector del transporte y la logística, así como su capacidad de adaptación y flexibilidad para satisfacer las necesidades del mercado.
- Analizar las principales características, retos y oportunidades de las Pymes en el sector del transporte y la logística, y conocer las estrategias de éxito utilizadas por estas empresas.
- Conocer el Programa de Internacionalización de la Empresa (PIPE) y su importancia para la internacionalización de las empresas, desde el análisis del mercado y la competencia hasta la gestión de la logística internacional.
- Aprender a diseñar y aplicar estrategias de internacionalización para empresas del sector del transporte y la logística, utilizando las herramientas y estrategias del PIPE.
- Evaluar constantemente la efectividad de las estrategias y acciones implementadas en el PIPE, y utilizar esta información para mejorar el proceso de internacionalización de la empresa en el sector del transporte y la logística.

1. Pymes

Las Pymes (Pequeñas y Medianas Empresas) en el sector del transporte y la logística son empresas de tamaño reducido que operan en el ámbito del transporte y la gestión de la cadena de suministro.

Sus principales características son su flexibilidad y capacidad de adaptación a las necesidades del mercado, lo que les permite ofrecer servicios personalizados y de alta calidad. Además, su estructura organizativa es más ágil y eficiente que la de las grandes empresas, lo que les permite tomar decisiones rápidas y adaptarse a los cambios del mercado con mayor facilidad.

Las Pymes también enfrentan retos importantes, como los siguientes:

- **Competencia:** El sector del transporte y la logística es altamente competitivo, lo que puede dificultar la entrada y permanencia de las Pymes en el mercado.

- **Tecnología:** La tecnología está en constante evolución y las Pymes necesitan estar actualizadas para ser eficientes y competitivas. Sin embargo, el costo de la tecnología puede ser un obstáculo para las Pymes.

Fig. 1. El transporte está evolucionando gracias a la tecnología para llegar a una mayor efectividad

- **Regulaciones:** El sector del transporte y la logística está regulado por diferentes leyes y normativas que pueden ser complejas y costosas para las Pymes.

Algunas de las leyes y normativas más relevantes que regulan el sector del transporte y la logística en España:

- **Ley de Ordenación de los Transportes Terrestres (LOTT)**: Es la ley principal que regula el transporte terrestre de mercancías y viajeros en España.

- **Ley de Navegación Aérea**: Regula la navegación aérea y establece las normas básicas para la organización y funcionamiento del transporte aéreo.

- **Ley de Puertos del Estado y de la Marina Mercante**: Regula el funcionamiento de los puertos españoles y establece las normas para la gestión portuaria y la actividad marítima.

- **Ley de Ordenación del Transporte Marítimo y de Puertos**: Regula el transporte marítimo y la actividad portuaria en España.

- **Ley de Ordenación del Transporte por Carretera**: Establece las normas para la organización y funcionamiento del transporte de mercancías y viajeros por carretera.

- **Ley de Sociedades de Capital**: Regula la constitución, funcionamiento y disolución de las sociedades de capital, incluyendo las empresas de transporte y logística.

Además de estas leyes, existen otras normativas y regulaciones específicas en materia de transporte y logística en España, como la Ley de Contratos de Transporte Terrestre de Mercancías, la Ley de Seguridad Aérea, el Reglamento de la Ley de Ordenación de los Transportes Terrestres, entre otras.

Es importante tener en cuenta que estas leyes y normativas pueden sufrir modificaciones o actualizaciones, por lo que siempre es recomendable estar informado de los cambios en la legislación que puedan afectar al sector del transporte y la logística en España.

Por otro lado, las Pymes en el sector del transporte y la logística también tienen oportunidades importantes, tales como:

- **Flexibilidad:** Las Pymes son más flexibles que las grandes empresas y pueden adaptarse más rápidamente a los cambios del mercado.

- **Innovación:** Las Pymes pueden ser más innovadoras y ágiles en la implementación de nuevas ideas y tecnologías.

- **Servicio personalizado:** Las Pymes pueden proporcionar un servicio más personalizado y cercano a sus clientes, lo que puede ser una ventaja competitiva.

Existen varias estrategias que pueden ayudar a las Pymes en el sector del transporte y la logística a alcanzar el éxito:

- **Especialización:** Una estrategia que puede ayudar a las Pymes en el sector del transporte y la logística a destacar frente a la competencia es la especialización en un área específica del transporte o la logística. Esto puede permitirles ofrecer servicios especializados y diferenciados que satisfagan las necesidades específicas de sus clientes.

- **Colaboración:** Las Pymes pueden considerar la posibilidad de establecer alianzas estratégicas con otras empresas del sector para complementar sus servicios, compartir recursos y reducir costos. La colaboración puede ser especialmente útil para las Pymes que no tienen la capacidad de competir directamente con las grandes empresas.

- **Innovación:** Las Pymes pueden desarrollar y adoptar nuevas tecnologías y procesos para mejorar la eficiencia y la calidad de sus servicios, reducir costos y ofrecer soluciones innovadoras a sus clientes.

- **Foco en el cliente:** Las Pymes deben centrarse en satisfacer las necesidades de sus clientes, brindando servicios de calidad y estableciendo relaciones a largo plazo. Esto puede ayudarles a generar lealtad y aumentar la retención de clientes.

- **Gestión eficiente:** Una gestión eficiente de los recursos y procesos internos de la empresa es clave para el éxito de las Pymes en el sector del transporte y la logística. Las Pymes deben asegurarse de contar con sistemas de gestión adecuados para monitorear y controlar sus operaciones, y para tomar decisiones informadas en tiempo real.

También, existen varias opciones de financiación disponibles para las Pymes en el sector del transporte y la logística, entre las cuales se incluyen:

- **Créditos y préstamos bancarios:** Las Pymes pueden obtener financiamiento a través de créditos y préstamos bancarios, que son una opción común y accesible. Es importante comparar las opciones de diferentes bancos y considerar los términos y condiciones antes de tomar una decisión.

- **Subvenciones y ayudas públicas:** En algunos países, las Pymes pueden optar por subvenciones y ayudas públicas para financiar sus actividades y proyectos. Estas subvenciones suelen estar destinadas a proyectos específicos o a empresas que cumplen ciertos requisitos.

- **Financiamiento colectivo o crowdfunding:** El crowdfunding es una opción cada vez más popular para las Pymes. A través de plataformas en línea, las empresas pueden solicitar financiamiento de inversores individuales que aportan pequeñas cantidades de dinero a cambio de una participación en la empresa.

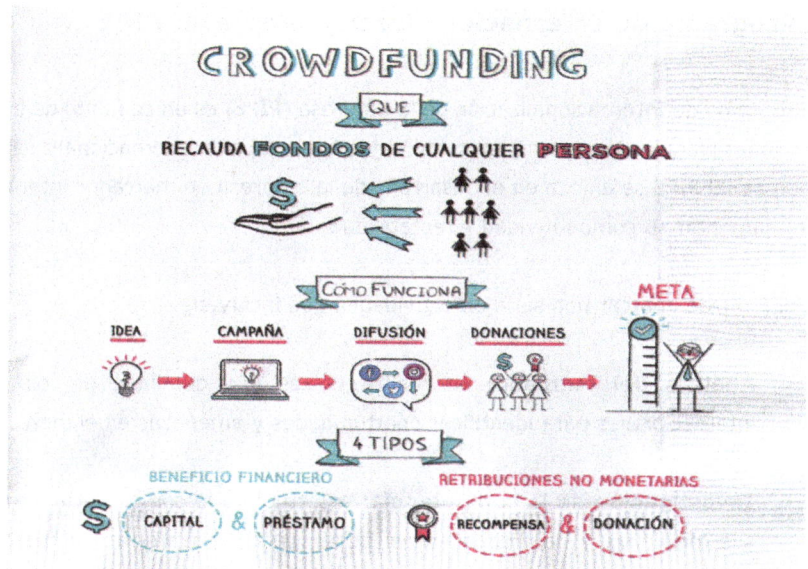

Fig. 2. Esquema de los pasos del crowdfunding

- **Capital de riesgo:** El capital de riesgo es una forma de financiamiento para empresas en crecimiento que buscan financiamiento para expansión o desarrollo de nuevos productos. Los inversores de capital de riesgo aportan fondos a cambio de una participación en la empresa y esperan un retorno de inversión a largo plazo.

- **Factoring:** El factoring es una opción de financiamiento que permite a las empresas obtener financiamiento a través de la venta de sus facturas a una empresa especializada en factoring. La empresa de factoring paga un porcentaje del valor de las facturas y luego se encarga de cobrarlas.

Es importante que las Pymes evalúen cuidadosamente sus opciones de financiamiento y determinen cuál es la mejor opción para sus necesidades y objetivos a largo plazo.

2. Programa de Internacionalización empresa: PIPE

El Programa de Internacionalización de la Empresa (PIPE) es un conjunto de estrategias y acciones planificadas que tienen como objetivo principal la internacionalización de una empresa. El PIPE se enfoca en el desarrollo de la empresa en mercados internacionales para aumentar su competitividad y rentabilidad.

El PIPE puede abarcar una serie de actividades que incluyen:

- **Análisis del mercado:** se realiza un estudio detallado de los mercados internacionales para identificar oportunidades y amenazas en el mercado.

- **Investigación de la competencia:** se estudia a la competencia para conocer sus fortalezas y debilidades y así poder definir estrategias competitivas que permitan a la empresa destacarse en el mercado.

- **Identificación de clientes potenciales:** se busca y se identifican clientes potenciales en el mercado internacional.

- **Selección de mercados:** se seleccionan los mercados que ofrecen el mayor potencial para la empresa, teniendo en cuenta factores como la demanda del producto o servicio, la competencia y la rentabilidad.

- **Diseño de estrategias de marketing:** se diseñan estrategias de marketing adaptadas a los mercados internacionales.

- **Adaptación del producto o servicio:** se adapta el producto o servicio a las necesidades y preferencias de los clientes internacionales.

- **Establecimiento de alianzas estratégicas:** se establecen alianzas con empresas locales para facilitar la entrada en el mercado y aprovechar las sinergias.

- **Gestión de la logística internacional:** se gestiona la logística para el transporte de los productos o servicios desde la empresa hasta el mercado internacional.

- **Gestión de riesgos:** se evalúan y gestionan los riesgos asociados a la internacionalización, como los riesgos financieros, legales y culturales.

- **Seguimiento y evaluación:** se realiza un seguimiento y evaluación constante del programa de internacionalización para medir su eficacia y hacer ajustes según sea necesario.

En resumen, el PIPE es un plan integral que tiene como objetivo lograr la internacionalización de una empresa mediante la identificación de oportunidades en el mercado internacional y la implementación de estrategias adecuadas para aprovecharlas.

U. A. 2. Programas de aplicación de pymes

Resumen

En esta unidad de aprendizaje se han analizado en primer lugar las Pymes en el sector del transporte y la logística, destacando sus características principales como la flexibilidad y capacidad de adaptación al mercado, su estructura organizativa ágil y eficiente y su capacidad para ofrecer servicios personalizados y de alta calidad.

También se han mencionado los retos y oportunidades que enfrentan las Pymes en este sector, incluyendo la competencia, la evolución de la tecnología y la complejidad de las regulaciones

Además, se han discutido diferentes opciones de financiación para las Pymes, como los créditos y préstamos bancarios, las subvenciones y ayudas públicas, el crowdfunding, el capital de riesgo y el factoring.

Por otro lado, hemos descubierto que cuando hablamos de PIPE nos referimos a un conjunto de estrategias y acciones planificadas que tienen como objetivo principal la internacionalización de una empresa, buscando lograr la internacionalización de esta mediante la identificación de oportunidades en el mercado internacional y la implementación de estrategias adecuadas para aprovecharlas.

U. A. 2. Programas de aplicación de pymes

Glosario

Cadena de suministro

Es el conjunto de procesos y actividades que se llevan a cabo para producir y distribuir un producto o servicio, desde la materia prima hasta su entrega al cliente final.

Colaboración

Estrategia de establecer alianzas estratégicas con otras empresas del sector para complementar servicios, compartir recursos y reducir costos.

Competencia

Situación en la que empresas del mismo sector compiten por un mismo mercado o clientes.

Especialización

Estrategia de enfoque en un área específica del transporte o la logística para ofrecer servicios especializados y diferenciados.

Factoring

Opción de financiamiento que permite a las empresas obtener financiamiento a través de la venta de sus cuentas por cobrar a un tercero, a cambio de una comisión o descuento.

Financiamiento colectivo

También conocido como crowdfunding, es una opción cada vez más popular para las Pymes que permite solicitar financiamiento a través de plataformas en línea y de la aportación de pequeñas cantidades de dinero de inversores individuales.

Flexibilidad

Capacidad de adaptación a las necesidades del mercado y a los cambios en el entorno empresarial.

Gestión eficiente

Utilización óptima de los recursos disponibles para lograr los objetivos de la empresa.

Innovación

Introducción de nuevas ideas, productos, servicios o tecnologías que aportan valor y ventaja competitiva.

Pymes

Son las siglas de Pequeñas y Medianas Empresas, empresas de tamaño reducido que operan en diversos ámbitos, como el transporte y la logística.

Ejercicios de autoevaluación

1. ¿Qué significan las siglas PYMEs?

a. Pequeñas y Medianas Empresas.

b. Poderosas y Mejoradas Empresas.

c. Personas y Modelos Empresariales.

d. Papeles y Materiales Esenciales.

2. ¿Qué es la cadena de suministro?

a. La venta de productos al cliente final.

b. El conjunto de procesos para producir y distribuir un producto o servicio.

c. El proceso de producción de materias primas.

d. La entrega de productos al proveedor.

3. ¿Qué es la flexibilidad?

a. La capacidad de adaptarse a las necesidades del mercado.

b. La capacidad de producir grandes cantidades de productos.

c. La capacidad de reducir costos a través de la automatización.

d. La capacidad de diversificar los productos que se ofrecen.

4. ¿Qué es la competencia?

a. La situación en la que empresas del mismo sector compiten por un mismo mercado o clientes.

b. La colaboración entre empresas para reducir costos.

c. La estrategia de enfocarse en un área específica del transporte o la logística.

d. La introducción de nuevas ideas, productos o servicios.

5. ¿Qué es la innovación?

    a. La estrategia de establecer alianzas estratégicas con otras empresas del sector.

    b. La capacidad de adaptarse a los cambios en el entorno empresarial.

    c. La introducción de nuevas ideas, productos, servicios o tecnologías.

    d. La utilización óptima de los recursos disponibles para lograr los objetivos de la empresa.

6. ¿Qué es la gestión eficiente?

    a. La estrategia de enfoque en un área específica del transporte o la logística.

    b. La utilización óptima de los recursos disponibles para lograr los objetivos de la empresa.

    c. La estrategia de establecer alianzas estratégicas con otras empresas del sector.

    d. La capacidad de diversificar los productos que se ofrecen.

7. ¿Qué es la especialización?

    a. La estrategia de enfoque en un área específica del transporte o la logística.

    b. La capacidad de reducir costos a través de la automatización.

    c. La introducción de nuevas ideas, productos o servicios.

    d. La capacidad de adaptarse a los cambios en el entorno empresarial.

8. ¿Qué estrategia permite a las Pymes complementar servicios, compartir recursos y reducir costos?

    a. Innovación.

    b. Especialización.

    c. Colaboración.

    d. Factoring.

9. ¿Qué es el factoring?

   a. La estrategia de establecer alianzas estratégicas con otras empresas del sector.

   b. Una opción de financiamiento que permite solicitar financiamiento a través de plataformas en línea.

   c. Una opción de financiamiento que permite a las empresas obtener financiamiento a través de la venta de sus cuentas por cobrar a un tercero.

   d. La introducción de nuevas ideas, productos, servicios o tecnologías que aportan valor y ventaja competitiva.

10. ¿Cuál es el conjunto de procesos y actividades que se llevan a cabo para producir y distribuir un producto o servicio, desde la materia prima hasta su entrega al cliente final?

   a. Cadena de suministro.

   b. Pymes.

   c. Gestión eficiente.

   d. Competencia.

U. A. 2. Programas de aplicación de pymes

U. A. 3. Transporte internacional

Introducción

El transporte internacional es un aspecto crucial del comercio global y es esencial para garantizar que las mercancías lleguen a su destino final de manera segura y eficiente.

En esta unidad de aprendizaje, se abordarán diferentes aspectos del transporte internacional, se explorarán las características de los medios de transporte marítimo y aéreo, junto con los diferentes documentos que se utilizan en el transporte internacional, como el conocimiento de embarque y el conocimiento aéreo.

Además, se discutirán los roles y responsabilidades de las personas involucradas en el transporte marítimo, como el armador, el operador y el agente marítimo. También se analizará la contratación del transporte aéreo y se explorarán las diferentes asociaciones y convenios internacionales que regulan el transporte aéreo.

Finalmente, se abordará la importancia del seguro en el transporte internacional y las diferentes coberturas que pueden ser aplicadas en función de la carta de porte internacional emitida.

Objetivos

- Comprender los diferentes medios de transporte internacionales disponibles, incluyendo sus características, costos y limitaciones, y ser capaz de elegir el medio de transporte más adecuado para las necesidades de su empresa.
- Conocer los diferentes documentos utilizados en el transporte internacional, como el conocimiento de embarque y el conocimiento aéreo, y ser capaz de utilizarlo correctamente para garantizar un transporte eficiente y seguro de las mercancías.
- Identificar los diferentes roles y responsabilidades de las personas involucradas en el transporte marítimo, como el armador, el operador y el agente marítimo, y comprender la importancia de una buena gestión del transporte marítimo.
- Entender el proceso de contratación del transporte aéreo, incluyendo las diferentes opciones disponibles y los términos y condiciones asociados con cada opción.
- Conocer las diferentes asociaciones y convenios internacionales que regulan el transporte aéreo y comprender cómo estas regulaciones afectan el transporte de mercancías a nivel global.
- Comprender la importancia del seguro en el transporte internacional y ser capaz de identificar las diferentes coberturas que pueden ser aplicadas en función de la carta de porte internacional emitida.

1. Envase y embalaje

Los envases y embalajes son elementos esenciales en el sector del transporte y la logística, ya que permiten la protección y conservación de la mercancía durante su traslado desde el punto de origen hasta el punto de destino.

Un adecuado diseño y selección de los envases y embalajes puede contribuir significativamente a la eficiencia de la cadena de suministro, reduciendo costes y aumentando la seguridad y calidad de los productos.

Los envases pueden ser definidos como cualquier tipo de recipiente o material que contenga, proteja o transporte productos, mientras que los embalajes son elementos que rodean y protegen la mercancía, asegurando su integridad durante el transporte. Entre los tipos de envases y embalajes más utilizados se encuentran las cajas de cartón, los pallets, los contenedores y las bolsas.

El diseño de los envases y embalajes es un factor clave en la protección de la mercancía durante el transporte. Los criterios de diseño incluyen la resistencia, la capacidad de protección frente a impactos, la adaptabilidad a diferentes formas y tamaños de productos, la facilidad de almacenamiento y manipulación, así como la sostenibilidad y la reducción de residuos.

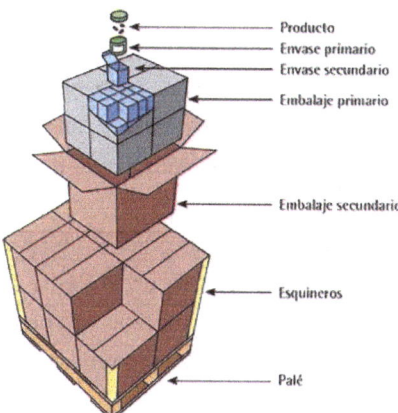

Fig. 1. El embalaje es sumamente importante para que llegue el producto en perfectas condiciones

Además, los envases y embalajes también cumplen una función importante en la identificación y etiquetado de la mercancía, lo que facilita su seguimiento y control durante todo el proceso de transporte y logística.

En el proceso de selección de envases y embalajes es importante tener en cuenta factores como el tipo de producto, el medio de transporte utilizado, la duración del transporte, el destino y las condiciones climáticas y ambientales.

También es necesario evaluar los costes y beneficios de las diferentes opciones de envases y embalajes, para seleccionar la opción más adecuada desde un punto de vista económico y de calidad.

En conclusión, los envases y embalajes son elementos clave en el sector del transporte y la logística, ya que permiten la protección y conservación de la mercancía durante su traslado. Un adecuado diseño y selección de los envases y embalajes puede contribuir a la eficiencia de la cadena de suministro, reduciendo costes y aumentando la seguridad y calidad de los productos transportados.

2. Manipulación y estiba

La manipulación y estiba de la mercancía son aspectos cruciales en el sector del transporte y la logística, ya que influyen directamente en la seguridad y calidad de los productos durante su traslado desde el origen hasta el destino final. Una adecuada manipulación y estiba de la mercancía puede prevenir daños y pérdidas en la carga, así como garantizar su correcta distribución y almacenamiento.

La manipulación de la mercancía se refiere al conjunto de operaciones necesarias para cargar, descargar, mover y transportar los productos desde el origen hasta el destino final. La manipulación de la mercancía puede ser realizada de forma manual o mediante el uso de maquinaria especializada, como grúas, carretillas elevadoras o apiladores.

La manipulación manual de la mercancía requiere un elevado nivel de destreza y experiencia por parte de los trabajadores, y puede ser realizada con herramientas como palés, bandas de sujeción o plataformas de carga. Por su parte, la manipulación mediante maquinaria especializada puede ser más rápida y eficiente, pero requiere de una adecuada formación de los trabajadores y de un mantenimiento periódico de los equipos para garantizar su correcto funcionamiento.

La estiba de la mercancía, por su parte, se refiere a la colocación ordenada y segura de la carga dentro del vehículo de transporte, con el fin de evitar movimientos bruscos o caídas durante el traslado. La estiba adecuada de la mercancía es fundamental para garantizar su integridad durante el transporte, así como para evitar daños en otros productos o en el propio vehículo.

Fig. 2. La estiba es necesaria ya que aprovecha el máximo la capacidad del transporte de forma segura

La estiba de la mercancía debe tener en cuenta aspectos como el peso y dimensiones de los productos, la fragilidad de estos, las características del vehículo de transporte, así como las normativas y regulaciones aplicables en cada caso. Para la estiba de la mercancía se pueden utilizar diferentes técnicas y materiales, como cintas de amarre, mallas protectoras, separadores de carga o sistemas de sujeción de carga.

En conclusión, la manipulación y estiba de la mercancía son aspectos clave en el sector del transporte y la logística, ya que influyen directamente en la seguridad y calidad de los productos durante su traslado. Una adecuada manipulación y estiba de la mercancía puede prevenir daños y pérdidas en la carga, así como garantizar su correcta distribución y almacenamiento. Es necesario contar con trabajadores formados y maquinaria especializada adecuada, así como cumplir con las normativas y regulaciones aplicables en cada caso para garantizar una correcta manipulación y estiba de la mercancía.

 **Saber más**

Tal como se publicó en el blog "Transeop", El trincaje y la estiba, son conocidos en el mundo del transporte marítimo, y hacen referencia a la acción de sujetar, con el objetivo de inmovilizar de manera segura los materiales o elementos que se necesiten. Dichos materiales pueden ser desde contenedores, hasta palets o maquinaria. Generalmente, toda clase de productos que se trasladen a bordo de medios terrestres, medios marítimos o aéreos.

¿Cómo realizar una estiba adecuada de la mercancía?
Para poder llevar a cabo una adecuada estiba de la carga debemos tener en cuenta un estudio llevado a cabo con anterioridad sobre la carga que se va a bloquear o inmovilizar, así como el "lugar" o medio en el que se va a realizar el trincaje y la normativa correspondiente para ese transporte. Por tanto, los factores más influyentes a la hora de realizar la carga de manera adecuada son:

- Ángulo de sujeción.
- Dimensiones de la mercancía objeto del transporte.
- Valores de aceleración.
- Factores que pueden influir en la fricción de la carga.

3. Almacenamiento

El almacenamiento es una actividad fundamental en el sector del transporte y la logística, ya que permite el resguardo y conservación de los productos mientras se espera su transporte o distribución. Una adecuada gestión del almacenamiento es esencial para asegurar que los productos se mantengan en buen estado y se entreguen en las condiciones deseadas.

El almacenamiento de los productos puede realizarse en diferentes tipos de instalaciones, como almacenes, depósitos o centros logísticos. Cada tipo de instalación tiene características específicas en cuanto a capacidad, accesibilidad, seguridad y mantenimiento, que deben ser evaluadas para seleccionar la opción más adecuada en cada caso.

Los almacenes y depósitos son instalaciones que se utilizan para el almacenamiento temporal de productos en espera de su distribución. Estos espacios suelen estar ubicados cerca de los puntos de producción o de los principales centros de distribución, para facilitar el traslado de los productos.

Fig. 3. Los almacenes se adaptarán al tipo de producto que guarden

Los almacenes y depósitos pueden ser de diferentes tipos, como almacenes frigoríficos, almacenes de productos secos, depósitos aduaneros, entre otros.

Por otro lado, los centros logísticos son instalaciones que incluyen una amplia variedad de servicios logísticos, como almacenamiento, distribución, transporte, manipulación y gestión de inventarios. Estos centros logísticos suelen estar ubicados en zonas estratégicas, para facilitar la distribución de los productos a los puntos de venta o clientes finales.

La gestión del almacenamiento de los productos incluye actividades como la recepción, clasificación, identificación, etiquetado, registro, control de inventarios y preparación de pedidos. Estas actividades son esenciales para garantizar una adecuada gestión de los productos, así como para optimizar el espacio y los recursos disponibles.

Para la gestión del almacenamiento de los productos se utilizan diferentes herramientas y tecnologías, como sistemas de gestión de almacenes (SGA), sistemas de identificación de productos (códigos de barras, RFID), sistemas de control de inventarios, entre otros.

En conclusión, el almacenamiento es una actividad fundamental en el sector del transporte y la logística, ya que permite el resguardo y conservación de los productos mientras se espera su transporte o distribución.

Es necesario evaluar las diferentes opciones de almacenamiento disponibles para seleccionar la más adecuada en cada caso, y contar con una adecuada gestión del almacenamiento de los productos para garantizar su correcta conservación y distribución.

4. Transitario

Un transitario es una empresa especializada en la gestión y coordinación de los procesos logísticos asociados al transporte de mercancías a nivel nacional e internacional. Los transitarios actúan como intermediarios entre el exportador/importador y los diferentes agentes implicados en el transporte, como navieras, aerolíneas, empresas de transporte terrestre, aduanas, entre otros.

Los transitarios se encargan de la gestión integral de la cadena de suministro, desde la planificación y coordinación del transporte hasta el seguimiento y control de los envíos. Su trabajo consiste en optimizar los procesos de transporte y minimizar los costes asociados, asegurando que las mercancías lleguen a su destino final en las condiciones deseadas.

Entre las funciones de los transitarios se encuentran la gestión de la documentación necesaria para el transporte internacional, como facturas comerciales, certificados de origen, conocimientos de embarque, entre otros. Además, se encargan de la contratación de los diferentes servicios implicados en el transporte,

Fig. 4. Las empresas transitarias hacen de intermediarias en las exportaciones

como el transporte terrestre, el transporte marítimo o aéreo, y la gestión aduanera.

Los transitarios también ofrecen servicios de consultoría logística a sus clientes, asesorándolos sobre la mejor forma de optimizar sus procesos de transporte y minimizar los costes asociados. Asimismo, pueden ofrecer servicios de seguimiento y control de los envíos en tiempo real, mediante el uso de tecnologías avanzadas de seguimiento y localización de mercancías.

Es importante destacar que los transitarios deben contar con una amplia experiencia en el sector del transporte y la logística, así como un conocimiento profundo de las regulaciones y normativas aplicables a nivel nacional e internacional. Además, deben contar con un equipo de profesionales altamente cualificados y un amplio network de colaboradores y proveedores de servicios en todo el mundo.

En conclusión, los transitarios son empresas especializadas en la gestión y coordinación de los procesos logísticos asociados al transporte de mercancías a nivel nacional e internacional. Su trabajo consiste en optimizar los procesos de transporte y minimizar los costes asociados, asegurando que las mercancías lleguen a su destino final en las condiciones deseadas. Los transitarios ofrecen servicios de gestión integral de la cadena de suministro, consultoría logística, seguimiento y control de envíos, y deben contar con una amplia experiencia y conocimiento del sector del transporte y la logística.

5. Elección medio de transporte más adecuado

La elección del medio de transporte más adecuado es un aspecto fundamental en la gestión de la cadena de suministro. Cada medio de transporte tiene sus propias ventajas y desventajas, y elegir el adecuado puede tener un gran impacto en el coste y la eficiencia de la cadena de suministro.

El transporte terrestre es una opción común para envíos de corta y media distancia, ya que ofrece un alto nivel de flexibilidad y rapidez. El transporte terrestre puede llevarse a cabo mediante camiones, trenes o vehículos de carga ligera, dependiendo del tipo de mercancía y la distancia a recorrer.

El transporte marítimo es una opción común para envíos de larga distancia y grandes volúmenes de mercancía. El transporte marítimo es una opción más económica en comparación con otros medios de transporte, pero es menos flexible y puede tener un tiempo de tránsito más largo.

El transporte aéreo es una opción común para envíos urgentes y de alta prioridad. Aunque el transporte aéreo es más caro que otros medios de transporte, puede ofrecer tiempos de tránsito más cortos y mayor seguridad para la mercancía.

La elección del medio de transporte también debe tener en cuenta otros factores, como el tipo de mercancía a transportar, la disponibilidad de rutas y servicios, las restricciones de peso y volumen, las normativas y regulaciones aplicables, y los costes asociados.

Es importante destacar que la elección del medio de transporte más adecuado debe ser una decisión estratégica, que considere no solo el coste, sino también otros factores como la seguridad, la eficiencia y la sostenibilidad. Además, la elección del medio de transporte debe ser coherente con la estrategia general de la cadena de suministro y la estrategia comercial de la empresa.

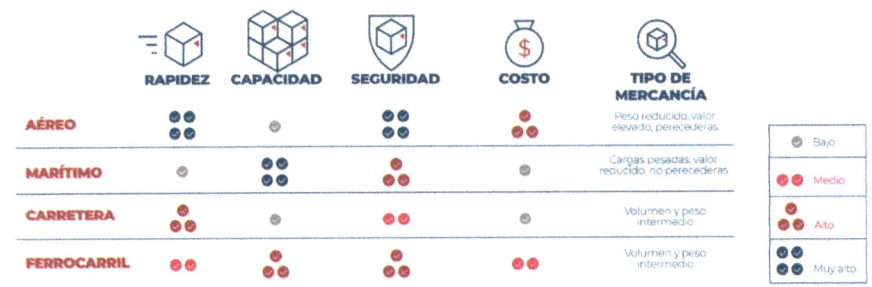

Fig. 5. Elección de medio transporte según valores de entrega

En conclusión, la elección del medio de transporte más adecuado es un aspecto fundamental en la gestión de la cadena de suministro. La elección del medio de transporte adecuado puede tener un gran impacto en el coste y la eficiencia de la cadena de suministro.

La elección del medio de transporte debe tener en cuenta factores como el tipo de mercancía, la disponibilidad de rutas y servicios, las restricciones de peso y volumen, las normativas y regulaciones aplicables, y los costes asociados. Además, la elección del medio de transporte debe ser coherente con la estrategia general de la cadena de suministro y la estrategia comercial de la empresa.

6. Medios utilizados en la UE

La Unión Europea es uno de los mayores mercados del mundo y el transporte de mercancías es una parte fundamental de su economía. Los medios de transporte más utilizados en la UE son el transporte por carretera, ferroviario y marítimo.
El transporte por carretera es el medio de transporte más utilizado en la UE, y se utiliza principalmente para el transporte de mercancías a corta y media distancia.

Los camiones son el medio de transporte más común para el transporte por carretera de mercancías en la UE. El transporte por carretera es especialmente importante para el transporte de mercancías entre países de la UE, ya que permite una gran flexibilidad y rapidez.

El transporte ferroviario es otro medio de transporte importante en la UE, especialmente para el transporte de mercancías a larga distancia. El transporte ferroviario es más económico que el transporte por carretera y es una opción más sostenible desde el punto de vista medioambiental.

Además, el transporte ferroviario es especialmente importante para el transporte de mercancías entre países de la UE que no están conectados por carretera.

El transporte marítimo es otro medio de transporte importante en la UE, especialmente para el transporte de mercancías a larga distancia y grandes volúmenes de mercancía. Los puertos marítimos de la UE son algunos de los más importantes del mundo, y muchos de ellos están ubicados en países de la UE.

El transporte marítimo es una opción más económica en comparación con otros medios de transporte, pero es menos flexible y puede tener un tiempo de tránsito más largo.

Además de estos medios de transporte, también es importante mencionar el transporte aéreo y el transporte fluvial. El transporte aéreo es especialmente importante para el transporte de mercancías urgentes y de alta prioridad, y es utilizado principalmente para el transporte de mercancías a larga distancia.

El transporte fluvial es utilizado principalmente para el transporte de mercancías a larga distancia a lo largo de los ríos de la UE.

En conclusión, el transporte por carretera es el medio de transporte más utilizado en la UE, seguido por el transporte ferroviario y marítimo.

El transporte por carretera es especialmente importante para el transporte de mercancías entre países de la UE, mientras que el transporte ferroviario es más económico y sostenible desde el punto de vista medioambiental.

El transporte marítimo es una opción más económica en comparación con otros medios de transporte, pero es menos flexible y puede tener un tiempo de tránsito más largo.

Además, el transporte aéreo y fluvial también son medios de transporte importantes en la UE para el transporte de mercancías a larga distancia y de alta prioridad.

7. Transporte marítimo

El transporte marítimo es uno de los medios de transporte más importantes en el mundo, especialmente para el transporte de grandes volúmenes de mercancías a larga distancia.

A continuación, se detallan las principales características, personas intervinientes y conceptos asociados con el transporte marítimo.

7.1. Características

El transporte marítimo es un medio de transporte lento pero económico, y es especialmente adecuado para el transporte de grandes volúmenes de mercancías. Algunas de las características principales del transporte marítimo incluyen:

- **Bajo coste**: el transporte marítimo es uno de los medios de transporte más económicos, especialmente para el transporte de grandes volúmenes de mercancías.

- **Capacidad**: los buques portacontenedores son capaces de transportar grandes cantidades de mercancías en un solo viaje.

Fig. 6. La capacidad del transporte marítimo es muy amplia

- **Fiabilidad**: el transporte marítimo es un medio de transporte muy fiable, ya que los buques están diseñados para resistir las condiciones adversas del mar.
- **Flexibilidad**: el transporte marítimo es flexible en términos de tipos de mercancías que puede transportar.

7.2. Personas intervinientes

En el transporte marítimo intervienen diversas personas y empresas, entre las que destacan:

- **Armador**: es el propietario del buque y es responsable de la operación del mismo.

- **Chárter**: es una empresa o persona que alquila un buque para el transporte de mercancías.

- **Agente marítimo**: es una persona o empresa que actúa en nombre del armador y se encarga de la gestión del buque en el puerto.

- **Consignatario**: es la persona o empresa que recibe las mercancías en el puerto de destino.

- **Transitario**: es una empresa que se encarga de gestionar el transporte de las mercancías desde el lugar de origen hasta el lugar de destino.

- **Aduanas**: son las autoridades encargadas de controlar el tráfico de mercancías en los puertos.

7.3. Conocimiento embarque: concepto, funciones y clases, flete

El conocimiento de embarque es un documento que certifica la existencia de un contrato de transporte entre el transportista y el cargador de la mercancía.

Fecha	**Conocimiento de embarque – Formulario corto –** Página 1 de
	No negociable

Envio desde	Número de conocimiento de embarque:
Nombre: Dirección: Ciudad/Estado/Código postal: N.º de identificación del cliente:	
Envio para	Nombre de la compañia:
Nombre: Dirección: Ciudad/Estado/Código postal: N.º de identificación del cliente:	Remolque n.º: Número(s) de serie:
Cargos de fletes de terceros facturados a:	SPAC:
Nombre: Dirección: Ciudad/Estado/Código postal:	Número del producto:
Instucciones especiales:	Cláusulas de cargo de flete: Prepago: Cobrar: Terceros: ☐ Conocimiento de embarque original con los correspondientes conocimientos de embarque adjuntos.

Información de la orden del cliente

Pedido del cliente N.º	N.º del paquete	Peso	Palé/comprobante (circular uno)		Información adicional de envío
			S	N	
			S	N	
			S	N	
Total definitivo					

Información de la compañía

Unidad de manejo		Paquete					LTL unicamente	
Cant.	Tipo	Cant.	Tipo	Peso	HM(X)	Descripción de la materia prima Las materias primas que requieren cuidado o atención especial o adicional en la manipulación o estibamiento deben estar marcadas y empaquetadas de forma tal que asegure el transporte seguro con cuidado normal.	NMFC N.º	Clase

Donde el índice depende del valor, se solicita que los despachantes establezcan específicamente por escrito el valor acordado y declarado de la propiedad de la siguiente manera: "El despachante establece específicamente que el valor acordado y declarado de la propiedad para que no exceda _____ por _____.	COD Cantidad: $_____ Forma de pago a elección: Cobro _, Prepago _, Se acepta cheque del cliente _
Nota: Puede aplicarse la limitación de la responsabilidad por pérdida o daño en este envío.	
Recibido, sujeto a tarifas determinadas individualmente o contratos que se han acordado por escrito entre la compañia y el despachante, si es aplicable o según las tarifas, clasificaciones y reglas que han sido establecidas por la compañia y que están disponibles para el despachante, a su solicitud y a todas las normas aplicables estatales o federales.	El despachante no entregará este envio sin el previo pago del mismo. Firma del despachante_____

Fig. 7. Ejemplo de conocimiento de embarque

El conocimiento de embarque tiene varias funciones, como:

- **Prueba del contrato de transporte**: el conocimiento de embarque es la prueba del contrato de transporte entre el transportista y el cargador.

- **Recibo de la mercancía**: el conocimiento de embarque es la prueba de que el transportista ha recibido la mercancía.

- **Documento de título**: el conocimiento de embarque es un documento de título, lo que significa que la posesión del documento confiere el derecho a reclamar la mercancía.

Existen varios tipos de conocimiento de embarque, entre los que se incluyen:

- **Conocimiento de embarque directo**: es aquel emitido por el transportista en nombre del cargador.

- **Conocimiento de embarque orden**: es aquel emitido por el transportista en nombre de otra persona que no es el cargador.

- **Conocimiento de embarque limpio**: es aquel que no tiene ninguna indicación de daño o pérdida de la mercancía.

- **Conocimiento de embarque sucio**: también conocido como *"dirty bill of lading"*, es un tipo de conocimiento de embarque que indica que la mercancía ha sido recibida en mal estado o en condiciones diferentes a las pactadas.

- **Conocimiento de embarque con reserva**: es aquel que indica que la mercancía ha sido recibida en mal estado o dañada.

- **Conocimiento de embarque por valor declarado**: es aquel que establece un valor declarado para la mercancía.

En cuanto al flete, este es el precio que se cobra por el transporte de la mercancía en el buque.

El flete puede ser de varios tipos, como:

- **Flete al peso**: se cobra según el peso de la mercancía.

- **Flete al volumen**: se cobra según el volumen de la mercancía.

- **Flete mixto**: se cobra según el peso o el volumen de la mercancía, dependiendo de cuál sea mayor.

En resumen, el transporte marítimo es uno de los medios de transporte más importantes en el mundo, especialmente para el transporte de grandes volúmenes de mercancías a larga distancia.

En el transporte marítimo intervienen diversas personas y empresas, como el armador, el chárter, el agente marítimo, el consignatario, el transitario y las autoridades aduaneras.

 Vocabulario

Conocimiento de embarque: documento fundamental en el transporte marítimo, ya que certifica la existencia del contrato de transporte y tiene varias funciones, como la prueba del contrato de transporte, el recibo de la mercancía y el documento de título.

Flete: precio que se cobra por el transporte de la mercancía en el buque, y puede ser de varios tipos y categorías.

El conocimiento de embarque es un documento fundamental en el transporte marítimo, ya que certifica la existencia del contrato de transporte y tiene varias funciones, como la prueba del contrato de transporte, el recibo de la mercancía y el documento de título.

El flete es el precio que se cobra por el transporte de la mercancía en el buque, y puede ser de varios tipos y categorías.

8. Transporte aéreo:

El transporte aéreo es un medio de transporte rápido y seguro que se utiliza para el transporte de mercancías y pasajeros. Este medio de transporte tiene características que lo hacen único y diferente de otros medios de transporte.

Fig. 8. El transporte aéreo de mercancías es uno de los transportes más rápidos existentes

8.1. Características

A continuación, describimos algunas de estas características:

- **Rapidez**: el transporte aéreo es el medio de transporte más rápido para largas distancias.

- **Seguridad**: el transporte aéreo es considerado uno de los medios de transporte más seguros, con un bajo índice de accidentes.

- **Flexibilidad**: el transporte aéreo permite la movilización de mercancías y pasajeros a cualquier lugar del mundo.

- **Reducción de costos**: el transporte aéreo puede ser más económico que otros medios de transporte en determinadas circunstancias, como por ejemplo para el transporte de mercancías perecederas o de alto valor.

- **Menor impacto ambiental:** el transporte aéreo genera menos emisiones de gases de efecto invernadero que otros medios de transporte.

8.2. Contratación

La contratación del transporte aéreo se realiza mediante la firma de un contrato de transporte entre el remitente y la compañía aérea. En este contrato se establecen las condiciones de transporte, como la ruta, la fecha de envío, la carga máxima permitida, el tipo de mercancía, entre otros aspectos.

En el transporte aéreo, es común utilizar la figura del agente de carga aérea, que es una empresa especializada en la gestión de la carga aérea y que se encarga de contratar el transporte con la compañía aérea en nombre del remitente.

8.3. Conocimiento aéreo

El conocimiento aéreo, también conocido como *"air waybill"*, es el documento que certifica la existencia del contrato de transporte aéreo. Este documento tiene varias funciones, como la prueba del contrato de transporte, el recibo de la mercancía y el documento de título.

El conocimiento aéreo es un documento no negociable, lo que significa que solo puede ser endosado por el remitente a un único destinatario.

Este documento es importante para el control de la carga durante el transporte, ya que permite a las autoridades aduaneras verificar la legalidad de la carga y su cumplimiento de las normas y regulaciones aplicables.

8.4. Flete

El flete en el transporte aéreo es el precio que se cobra por el transporte de la mercancía en el avión. El flete puede ser de varios tipos, como:

- **Flete al peso**: se cobra según el peso de la mercancía.

- **Flete al volumen**: se cobra según el volumen de la mercancía.

- **Flete mixto**: se cobra según el peso o el volumen de la mercancía, dependiendo de cuál sea mayor.

El flete también puede ser de dos tipos:

- **Flete bruto**: es el precio total del transporte de la mercancía, incluyendo los costes del avión y del personal.

- **Flete neto**: es el precio del transporte de la mercancía sin incluir los costes del avión y del personal.

8.5. Asociaciones y convenios internacionales:

El transporte aéreo está regulado por la Organización de Aviación Civil Internacional (OACI), una agencia especializada de las Naciones Unidas que establece normas y recomendaciones para la seguridad y la eficiencia del transporte aéreo internacional. Además, existen varias asociaciones internacionales de transporte aéreo como la Asociación Internacional de Transporte Aéreo (IATA) y la Asociación de Transporte Aéreo de América Latina y el Caribe (ALTA) que representan a las aerolíneas y trabajan en la promoción y el desarrollo del transporte aéreo.

En cuanto a los convenios internacionales, destaca el Convenio de Chicago de 1944, que estableció las bases del derecho aéreo internacional y estableció las normas para la operación de aeronaves y la seguridad aérea.

También existe el Acuerdo de Transporte Aéreo Internacional (**ATA**) que es un acuerdo entre dos países para permitir y regular el transporte aéreo entre ellos. Además, existen acuerdos de código compartido entre aerolíneas, que permiten a una aerolínea transportar pasajeros en nombre de otra aerolínea.

Fig. 9. Las exportaciones aéreas están respaldadas por diferentes asociaciones

En resumen, el transporte aéreo es un medio rápido y seguro para el envío de mercancías en todo el mundo. Se caracteriza por su alta eficiencia y flexibilidad, aunque tiene un costo más elevado en comparación con otros medios de transporte.

La contratación del transporte aéreo se realiza a través de agentes de carga y se utiliza el conocimiento aéreo como documento de transporte. La regulación del transporte aéreo está a cargo de la OACI, y existen varias asociaciones y convenios internacionales que trabajan para mejorar la seguridad y la eficiencia del transporte aéreo en todo el mundo.

9. Seguro y coberturas aplicadas en función de la carta de porte internacional emitida

El seguro de transporte es una medida de protección financiera que cubre los daños y pérdidas que puedan ocurrir durante el envío de mercancías.

La carta de porte internacional es el documento que se utiliza en el transporte internacional de mercancías para acreditar el contrato de transporte y que, en muchos casos, sirve también como documento de título de propiedad y de pago. En función de la carta de porte internacional emitida, se pueden establecer diferentes coberturas para el seguro de transporte.

La cobertura más básica que se puede obtener es la de responsabilidad limitada. Esta cobertura limita la cantidad que la compañía de transporte será responsable de pagar en caso de pérdida o daño de la carga durante el transporte. La cantidad de responsabilidad varía según el peso de la carga y según la normativa aplicable.

Por otro lado, también existe la opción de contratar un seguro a todo riesgo, que cubre cualquier daño o pérdida de la carga sin importar las circunstancias en que se produzcan. Este seguro ofrece una mayor protección a la carga durante el transporte y puede ser especialmente útil en envíos de alto valor.

Además, en el seguro de transporte también se pueden establecer otras coberturas adicionales, como la cobertura de pérdida de beneficios, que cubre las pérdidas financieras que puedan producirse como consecuencia de una interrupción del negocio debido a la pérdida de la carga durante el transporte.

Es importante tener en cuenta que la responsabilidad de la compañía de transporte puede variar según la normativa aplicable y según el tipo de transporte utilizado. Por ejemplo, en el transporte marítimo, la responsabilidad de la compañía de transporte se rige por las reglas de Hamburgo o las reglas de Rotterdam, mientras que, en el transporte aéreo, la responsabilidad está regulada por el Convenio de Montreal.

En conclusión, el seguro de transporte es una medida de protección importante para los envíos de mercancías internacionales. La cobertura que se establece en función de la carta de porte internacional emitida puede variar, desde la responsabilidad limitada hasta un seguro a todo riesgo.

También se pueden establecer coberturas adicionales, como la cobertura de pérdida de beneficios. Es importante tener en cuenta la normativa aplicable y la responsabilidad de la compañía de transporte en cada caso para determinar la cobertura de seguro adecuada.

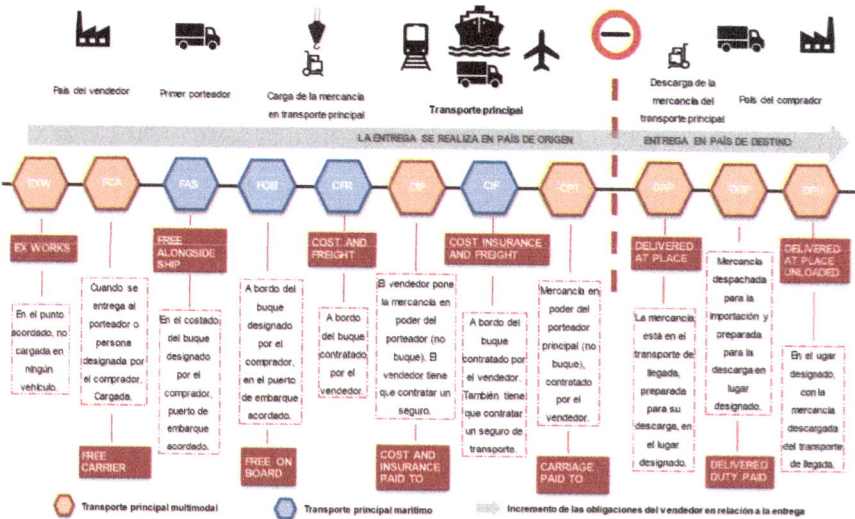

Fig. 10. Esquema de las diferentes siglas que componen Incoterms 2020

U. A. 3. Transporte internacional

Resumen

Tal como se ha podido ver en esta unidad de aprendizaje, el transporte internacional es crucial para el comercio global, pero presenta desafíos que deben ser considerados, como la elección del medio de transporte adecuado, la manipulación y estiba adecuadas de las mercancías, la selección de embalajes y envases adecuados, el almacenamiento adecuado y la gestión de los trámites aduaneros y de seguridad.

Esta unidad ha proporcionado una visión general completa de los diferentes aspectos del transporte internacional. Se comienza por explorar la elección del medio de transporte más adecuado. Se examinan las características de los medios de transporte marítimo y aéreo, así como los diferentes documentos utilizados en el transporte internacional, como el conocimiento de embarque y el conocimiento aéreo.

Además, se discuten los roles y responsabilidades de las personas involucradas en el transporte marítimo, como el armador, el operador y el agente marítimo. También se analiza la contratación del transporte aéreo y se exploran las diferentes asociaciones y convenios internacionales que regulan el transporte aéreo.

Finalmente, se aborda la importancia del seguro en el transporte internacional y las diferentes coberturas que pueden ser aplicadas en función de la carta de porte internacional emitida.

Este temario ayudará a los estudiantes a comprender los desafíos y oportunidades involucrados en el transporte de mercancías a través de las fronteras internacionales.

U. A. 3. Transporte internacional

Glosario

Acuerdo de Transporte Aéreo Internacional (ATA)

Acuerdo entre dos países para permitir y regular el transporte aéreo entre ellos.

Apiladores

Se refiere a maquinarias utilizadas en la manipulación de carga para apilar, mover y levantar productos de gran tamaño y peso. Los apiladores se utilizan en almacenes, depósitos y centros de distribución, y pueden ser manuales o eléctricos.

Depósitos aduaneros

Espacio destinado al almacenamiento temporal de mercancías importadas que aún no han sido sometidas a los trámites aduaneros correspondientes, y que por lo tanto aún no han sido nacionalizadas.

Gestión de inventarios

Conjunto de procesos y actividades orientados a controlar el flujo de productos dentro de un almacén o centro logístico, incluyendo la identificación de productos, su almacenamiento y su registro.

Organización de Aviación Civil Internacional (OACI)

Agencia especializada de las Naciones Unidas que establece normas y recomendaciones para la seguridad y la eficiencia del transporte aéreo internacional.

Pallets

También conocidos como paletas o tarimas, son estructuras planas y rectangulares diseñadas para soportar la carga y facilitar su manipulación y transporte.

Separadores de carga

Son elementos utilizados en la estiba de la mercancía para separar y proteger los productos dentro del vehículo de transporte.

U. A. 3. Transporte internacional

Ejercicios de autoevaluación

1. **¿Qué función cumplen los envases y embalajes en el sector del transporte y la logística?**

   a. Transportar productos de forma eficiente.

   b. Proteger y conservar la mercancía durante el traslado.

   c. Identificar y etiquetar la mercancía.

   d. Facilitar el seguimiento y control de la mercancía.

2. **¿Qué factores son importantes para tener en cuenta en el proceso de selección de envases y embalajes?**

   a. La resistencia y la adaptabilidad a diferentes formas y tamaños de productos.

   b. La duración del transporte y las condiciones climáticas y ambientales.

   c. Los costes y beneficios de las diferentes opciones de envases y embalajes.

   d. Todas las opciones son correctas.

3. **¿Qué es la estiba de la mercancía en el transporte y la logística?**

   a. La colocación ordenada y segura de la carga dentro del vehículo de transporte para evitar movimientos bruscos o caídas durante el traslado.

   b. El conjunto de operaciones necesarias para cargar, descargar, mover y transportar los productos desde el origen hasta el destino final.

   c. La manipulación de la mercancía mediante el uso de maquinaria especializada, como grúas, carretillas elevadoras o apiladores.

   d. La manipulación manual de la mercancía utilizando herramientas como palés, bandas de sujeción o plataformas de carga.

4. ¿Por qué es importante una adecuada gestión del almacenamiento en el sector del transporte y la logística?

    a. Para asegurar que los productos se mantengan en buen estado y se entreguen en las condiciones deseadas.

    b. Para facilitar la producción de los productos en los puntos de venta.

    c. Para reducir los costos de transporte y distribución de los productos.

    d. Para aumentar la cantidad de productos almacenados en los centros logísticos.

5. ¿Cuál es la función principal de los transitarios?

    a. Transportar las mercancías directamente al destino final.

    b. Actuar como intermediarios entre exportadores e importadores.

    c. Realizar labores de gestión aduanera.

    d. Ofrecer servicios de consultoría legal.

6. ¿Qué servicios pueden ofrecer los transitarios a sus clientes?

    a. Seguimiento y control de envíos en tiempo real.

    b. Servicios de limpieza de mercancías.

    c. Almacenamiento de mercancías en su propio depósito.

    d. Contratación de servicios de marketing para promocionar la mercancía.

7. ¿Cuál es una de las ventajas del transporte terrestre?

    a. Mayor seguridad para la mercancía.

    b. Menor tiempo de tránsito.

    c. Mayor flexibilidad y rapidez.

    d. Más económico que otros medios de transporte.

8. **¿Qué factores deben tenerse en cuenta al elegir el medio de transporte más adecuado?**

   a. El coste y la disponibilidad de rutas y servicios.
   b. El tiempo de tránsito y la seguridad para la mercancía.
   c. El tipo de mercancía y las normativas y regulaciones aplicables.
   d. Todos los anteriores.

9. **¿Cuál es una de las funciones del conocimiento de embarque?**

   a. Certificar la existencia del contrato de compraventa.
   b. Prueba del contrato de transporte.
   c. Asegurar la calidad de la mercancía.
   d. Verificar el pago del flete.

10. **¿Qué es la cobertura más básica que se puede obtener en el seguro de transporte?**

    a. Cobertura a todo riesgo.
    b. Cobertura de pérdida de beneficios.
    c. Cobertura limitada de responsabilidad.
    d. Cobertura adicional.

U. A. 3. Transporte internacional

U. A. 4. Contratación internacional

Introducción

Esta unidad de aprendizaje se enfoca en la compraventa internacional de mercancías y la negociación de contratos. En el mundo globalizado de hoy, las empresas buscan oportunidades de crecimiento y expansión en mercados extranjeros, lo que significa la necesidad de comprender las leyes y regulaciones aplicables, la logística y el riesgo involucrado en la realización de transacciones comerciales internacionales exitosas.

A lo largo de la unidad, exploraremos los elementos clave en la contratación internacional, incluyendo la oferta y la aceptación, que son fundamentales para establecer acuerdos de compraventa válidos. Además, describiremos las formas de contrato y los puntos clave que deben incluir, como la descripción de la mercancía, el precio, el pago, la entrega, la penalización, el certificado de calidad, la legislación, el arbitraje y la entrada en vigor.

También discutiremos la importancia de la planificación cuidadosa y el uso de herramientas de financiación y seguros comerciales para minimizar los riesgos y maximizar los beneficios de la compraventa de mercancías a nivel internacional.

En resumen, esta unidad de aprendizaje proporcionará una sólida base de conocimiento para aquellos interesados en el comercio internacional y la negociación de contratos, y permitirá a las empresas estar preparadas para aprovechar las oportunidades globales de manera efectiva.

Objetivos

- Comprender los principios fundamentales de la compraventa internacional de mercancías y la negociación de contratos.
- Conocer las leyes y regulaciones aplicables a la compraventa internacional de mercancías, comprendiendo la importancia de cumplir con las leyes y regulaciones que afectan la compraventa internacional de mercancías.
- Aprender los requisitos para que una oferta y una aceptación sean válidas en la contratación internacional, comprendiendo los requisitos legales para que una oferta y una aceptación sean válidas en la contratación internacional.
- Familiarizarse con las formas de contrato y los puntos clave que deben incluirse en la compraventa internacional de mercancías, aprendiendo sobre las formas de contrato más comunes utilizadas en la compraventa internacional de mercancías.
- Desarrollar habilidades para negociar y redactar contratos de compraventa internacional de mercancías exitosos, desarrollando habilidades prácticas para negociar y redactar contratos de compraventa internacional de mercancías exitosos.

1. Compraventa de mercancías

La compraventa de mercancías a nivel internacional es una actividad comercial que implica la transferencia de bienes entre países diferentes. Esta práctica es común en todo el mundo y es una de las principales fuentes de ingresos para muchas empresas.

Por ello, requiere que las partes involucradas estén familiarizadas con las leyes y regulaciones aplicables a las

Fig. 1. La compraventa de mercancías internacionales produce grandes ganancias

transacciones transfronterizas. Esto incluye conocer los términos de los contratos, los procedimientos de aduanas y las leyes tributarias.

Una de las principales características de la compraventa de mercancías a nivel internacional es la necesidad de coordinar los envíos de mercancías entre los países involucrados. Esto puede incluir la gestión de la logística de transporte, la programación de la entrega y el aseguramiento de la calidad de las mercancías.

Otro aspecto importante de la compraventa de mercancías a nivel internacional es la gestión del riesgo. Esto puede incluir el riesgo de fluctuaciones en los tipos de cambio, la posibilidad de pérdidas de mercancías durante el transporte y el riesgo de impago por parte de los compradores.

Para minimizar estos riesgos, muchas empresas utilizan herramientas de financiación y seguros comerciales. Estos incluyen instrumentos financieros como cartas de crédito, seguros de carga y seguros de crédito comercial.

Referente a las cartas de crédito, podemos encontrar una explicación gráfica en la siguiente imagen:

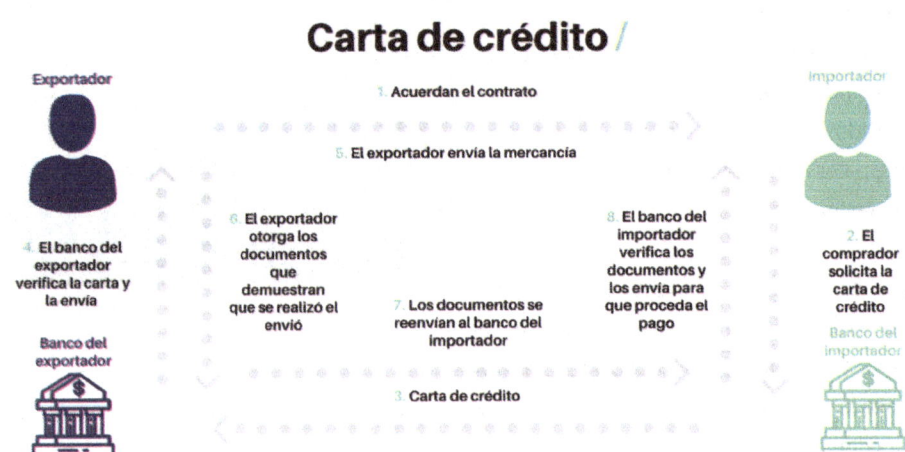

Fig. 2. Ejemplo de cómo funcionan las cartas de crédito

Por otro lado, encontramos los seguros de carga, que son pólizas de seguro diseñadas para proteger la carga durante su transporte desde el lugar de origen hasta su destino final. Estos seguros pueden ser contratados por los propietarios de la carga, los transportistas o los intermediarios que coordinan el transporte.

Por último, los seguros de crédito comercial son pólizas de seguro que cubren el riesgo de impago de las facturas emitidas por una empresa a sus clientes. Estos seguros están diseñados para proteger a las empresas de los riesgos de insolvencia, incumplimiento de pago, retrasos en los pagos y otros problemas financieros que puedan afectar la capacidad de los clientes de pagar sus facturas.

En resumen, la compraventa de mercancías a nivel internacional es una actividad comercial compleja que requiere una comprensión sólida de las leyes y regulaciones aplicables, así como la gestión efectiva de la logística y el riesgo.

Con una planificación cuidadosa y la utilización de herramientas de financiación y seguros comerciales, las empresas pueden minimizar los riesgos y maximizar los beneficios de la compraventa de mercancías a nivel internacional.

2. Oferta

La oferta es un elemento clave en la contratación internacional, ya que es el primer paso en la negociación de un contrato de compraventa de mercancías. En términos generales, una oferta es una propuesta que una parte (el oferente) hace a otra (el destinatario) para celebrar un contrato.

En el contexto de la compraventa internacional de mercancías, la oferta se refiere a la propuesta de venta de bienes a un comprador extranjero.

Fig. 3. Oferta en la compraventa de mercancías

En la compraventa internacional de mercancías, la oferta debe cumplir con ciertos requisitos para ser válida. En primer lugar, debe ser clara y precisa. Esto significa que debe identificar de manera específica los bienes que se están ofreciendo para la venta, incluyendo su cantidad, calidad, precio y cualquier otra condición relevante.

En segundo lugar, la oferta debe ser comunicada de manera efectiva al comprador. Esto puede hacerse por medio de una oferta escrita, como un correo electrónico, una carta o un fax, o por medio de una oferta verbal. En ambos casos, es importante que el comprador tenga conocimiento efectivo de la oferta, es decir, que tenga la oportunidad de examinarla y considerarla adecuadamente.

Además, la oferta debe ser vinculante, lo que significa que el oferente debe estar dispuesto a celebrar un contrato en los términos ofrecidos. Si la oferta no es vinculante, se considera una invitación para negociar, en lugar de una oferta en sí misma.

Otro aspecto importante de la oferta en la contratación internacional es la duración de su validez. En general, una oferta debe ser válida durante un período de tiempo razonable para permitir que el comprador considere y acepte la oferta. El período de validez de la oferta puede ser especificado en la oferta misma, o puede ser determinado por la práctica comercial habitual en la industria o el país en cuestión.

En cuanto a la aceptación de la oferta, es importante tener en cuenta que la aceptación debe ser clara y precisa, y debe coincidir con los términos de la oferta. Si el comprador desea aceptar la oferta en términos diferentes a los ofrecidos, se considera una contraoferta, que debe ser aceptada por el oferente antes de que se celebre un contrato vinculante.

En resumen, la oferta es un elemento crucial en la contratación internacional de mercancías. Para ser válida, debe ser clara, precisa, comunicada de manera efectiva y vinculante. Además, la duración de su validez y los términos de aceptación son aspectos importantes que considerar. La oferta y la aceptación son los primeros pasos en la negociación de un contrato de compraventa internacional exitoso.

Puede encontrar un ejemplo de contrato de compraventa internacional en la siguiente imagen:

	CONTRATO DE COMPRAVENTA DE	Código:
		Versión:
		Página:

CONTRATO DE COMPRAVENTA INTERNACIONAL

Conste en el presente documento, el contrato de COMPRAVENTA INTERNACIONAL que celebran de una parte   con RUC **N**°   , inscrita en los Registros Públicos de Sullana, Ficha **N**°·   , debidamente representada por su Gerente General, señor   identificado con DNI N°   , a quien en adelante se le denominará **EL VENDEDOR**; y de la otra parte, la empresa   ,registrada en la Cámara de Comercio Rotterdam N° domicilio   en   –   ,   debidamente representada por su .**Gerente de Comercio Exterior** , señor   , , en adelante **EL COMPRADOR**, en los términos y condiciones siguientes.

CLAUSULAS

PRIMERA. – Objeto del Contrato

Mediante el presente documento, las partes convienen en celebrar una compraventa internacional de mercaderías, las cuales deberán cumplir con las condiciones siguientes:

1.1. El producto de referencia es la caja de banano Cavendish de 18,14 kg net con 2 sellos:

Tipos de cajas	Tipo
18.14 kg	Banano Orgánico y Orgánico Fairtrade
13,00 kg	Banano Orgánico y Orgánico Fairtrade

1.2. Cada contenedor (High Cube) carga un mínimo de 1.080 cajas de 18,14 kg, o un mínimo 1.400 cajas de 13,0 kg su equivalente en cajas de otro modelo.

1.3. Para asegurar el peso de 18,14 kg después de maduración, el VENDEDOR empaca 18,70 kg neto por caja. EL COMPRADOR hace control de calidad de llegada considerando 18,40 kg neto fruta verde por caja, lo que asegura 18,14 kg por caja después de maduración.

1.4. Semanalmente el VENDEDOR comunicará al COMPRADOR, la cantidad, con las debidas especificaciones, que estima poder exportar en las próximas 12 semanas.

1.5. Calidad mínima aceptada en contenedor en empaque y selección 85% de acuerdo con el sistema de control de calidad de AgroFair.

1.6. Cosecha de fruta con edad máxima de 12 semanas (ver edad de cosecha en las especificaciones de calidad según marca).

1.7. En cada empacadora debe haber una balanza para el pesado de las cajas.

SEGUNDA. – Precio

El precio de la mercadería descrita en la cláusula anterior por la fruta exportada el precio por caja según la categoría que a continuación se indica.

Fig. 4. Primera página de contrato de compraventa internacional

3. Formas contrato y puntos que debe incluir: Descripción mercancía; precio; pago; entrega; penalización; certificado calidad y/u otros; legislación; arbitraje; entrada en vigor

El contrato de compraventa internacional es un acuerdo entre un comprador y un vendedor para la compra y venta de mercancías a nivel internacional. Este tipo de contrato puede tomar diferentes formas, según las necesidades y preferencias de las partes involucradas.

A continuación, se describen las formas más comunes de contrato de compraventa internacional:

- **Contrato de compraventa con pago anticipado:** Este tipo de contrato implica que el comprador paga el precio de las mercancías antes de que estas sean entregadas. Es una forma de minimizar el riesgo para el vendedor, ya que se asegura de que el comprador pague antes de que se realice la entrega.

- **Contrato de compraventa con pago a plazos:** En este tipo de contrato, el comprador acuerda pagar el precio de las mercancías en cuotas, en lugar de pagar todo el monto por adelantado. El vendedor entrega las mercancías a medida que se realizan los pagos acordados.

- **Contrato de compraventa con pago a la entrega:** En este tipo de contrato, el comprador paga el precio de las mercancías en el momento de la entrega. Es una forma de minimizar el riesgo para el comprador, ya que se asegura de que las mercancías sean entregadas antes de realizar el pago.

En cuanto a los puntos que deben incluirse en un contrato de compraventa internacional, estos son algunos de los más importantes:

- **Descripción de las mercancías:** El contrato debe incluir una descripción detallada de las mercancías que se están comprando y vendiendo, incluyendo su cantidad, calidad, especificaciones técnicas y cualquier otra característica relevante.

- **Precio:** El precio de las mercancías debe ser establecido claramente en el contrato, incluyendo los términos de pago.

- **Pago:** El contrato debe especificar los términos de pago, incluyendo cuándo se debe realizar el pago, qué método de pago se utilizará y quién será responsable de los costos asociados con la transacción.

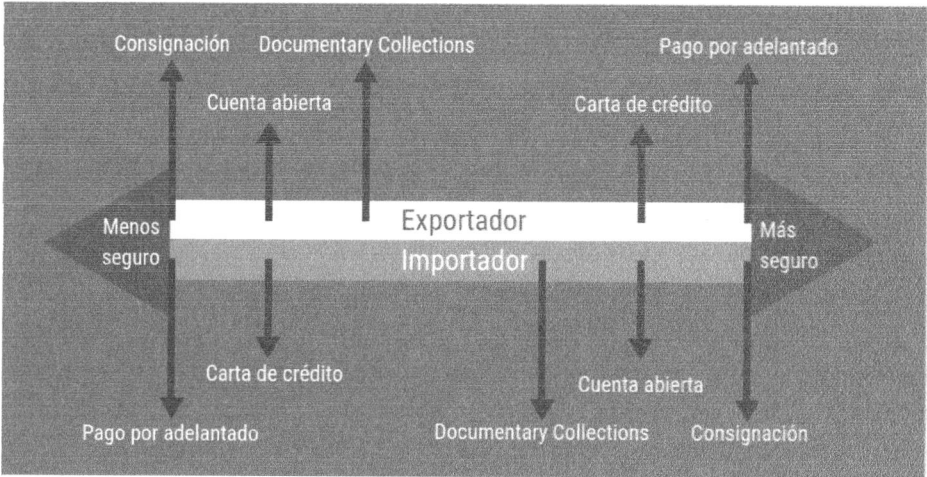

Fig. 5. Medios de pago internacionales

- **Entrega:** El contrato debe incluir información sobre la entrega de las mercancías, incluyendo el lugar y la fecha de entrega, así como cualquier otra condición relevante, como la responsabilidad del transporte y el seguro.

- **Penalización:** El contrato debe incluir cualquier cláusula de penalización en caso de incumplimiento de los términos del contrato por cualquiera de las partes.

- **Certificado de calidad y/u otros:** El contrato puede incluir requisitos específicos para la calidad de las mercancías, así como la necesidad de certificados o documentos adicionales.

- **Legislación**: El contrato debe especificar la legislación que regirá el contrato y cualquier disputa que pueda surgir.

- **Arbitraje**: El contrato puede incluir una cláusula de arbitraje para resolver disputas que puedan surgir en el futuro.

- **Entrada en vigor**: El contrato debe especificar la fecha en que entrará en vigor y los términos de su finalización.

En resumen, el contrato de compraventa internacional puede tomar diferentes formas, dependiendo de las necesidades y preferencias de las partes involucradas. Además, es importante que incluya los puntos clave que hemos mencionado, para asegurar que todas las partes involucradas estén de acuerdo y se eviten problemas en el futuro. Un contrato bien elaborado puede ayudar a las partes a evitar malentendidos y a resolver disputas de manera más eficiente y efectiva.

Es importante destacar que, en un contrato de compraventa internacional, es fundamental que las partes involucradas estén familiarizadas con las leyes y regulaciones que se aplican en el país de origen de las mercancías, así como en el país de destino. Además, es importante que se realice una investigación exhaustiva sobre la reputación y experiencia del comprador o vendedor antes de celebrar el contrato.

En conclusión, el contrato de compraventa internacional es un acuerdo importante entre el comprador y el vendedor, que establece los términos y condiciones para la compra y venta de mercancías a nivel internacional. El contrato puede tomar diferentes formas, según las necesidades de las partes involucradas, pero siempre debe incluir los puntos clave como la descripción de las mercancías, el precio, el pago, la entrega, las penalizaciones, la legislación, el arbitraje y la entrada en vigor. Si se elabora correctamente, el contrato puede ser un instrumento valioso para evitar malentendidos y resolver disputas de manera efectiva.

4. Otros contratos

Además del contrato de compraventa internacional, existen otros tipos de contratos que pueden ser necesarios para llevar a cabo una transacción comercial internacional. Algunos de los contratos más comunes incluyen contratos de distribución, contratos de licencia, contratos de agencia, contratos de *joint venture*, entre otros.

Cada uno de estos contratos puede ser diferente en términos de su estructura y contenido, dependiendo de la naturaleza de la relación comercial entre las partes involucradas.

Sin embargo, algunos de los elementos clave que se deben incluir en cualquier tipo de contrato internacional incluyen una descripción clara de las obligaciones y responsabilidades de cada parte, los términos y condiciones de pago, las cláusulas de resolución de conflictos y cualquier otra disposición legal relevante.

Por ejemplo, un contrato de distribución puede establecer los términos y condiciones bajo los cuales un distribuidor autorizado puede vender los productos de un fabricante en un territorio determinado.

Un contrato de licencia puede permitir a un licenciatario usar una marca registrada o una patente en un territorio determinado a cambio de una tarifa acordada.
Un contrato de agencia puede establecer los términos y condiciones bajo los cuales un agente actúa en nombre de un principal en un territorio determinado.

Y un contrato de *joint venture* puede establecer los términos y condiciones para la cooperación y el intercambio de recursos entre dos o más empresas.

En la siguiente imagen, podemos encontrar un *"check-list"* para tener en cuenta a la hora de realizar un contrato de distribución:

En resumen, los contratos internacionales son una herramienta esencial para establecer y proteger las relaciones comerciales internacionales.

Cada tipo de contrato puede variar en función de las necesidades y objetivos de las partes involucradas, pero todos deben incluir los elementos clave para asegurar que las partes comprendan claramente sus obligaciones y responsabilidades, y para garantizar que cualquier disputa se resuelva de manera justa y efectiva.

5. Cartas de crédito

Las cartas de crédito son un instrumento financiero comúnmente utilizado en el comercio internacional para garantizar el pago entre el comprador y el vendedor.

Esencialmente, una carta de crédito es un compromiso emitido por un banco en el país del comprador para garantizar que el pago se realizará al vendedor siempre y cuando se cumplan los términos y condiciones establecidos en la carta de crédito.

La carta de crédito es un documento que debe ser emitido por un banco de buena reputación y debe incluir información detallada sobre el monto del pago, la descripción de las mercancías, las fechas de envío y recepción, y cualquier otra condición que se haya acordado entre el comprador y el vendedor.

En general, la carta de crédito protege al vendedor de posibles incumplimientos de pago por parte del comprador, lo que le da cierta seguridad en la transacción.

Por otro lado, la carta de crédito también puede ser beneficiosa para el comprador, ya que le permite asegurarse de que las mercancías se envíen y entreguen de acuerdo con los términos acordados antes de realizar el pago. Además, la carta de crédito puede utilizarse como un instrumento para obtener financiación para la compra de las mercancías.

En resumen, las cartas de crédito son una herramienta financiera importante para el comercio internacional, ya que garantizan el pago entre el comprador y el vendedor. Aunque su uso puede ser costoso, las cartas de crédito pueden proporcionar una protección valiosa para ambas partes en una transacción comercial internacional.

Resumen

Esta unidad de aprendizaje se enfoca en la compraventa internacional de mercancías y la negociación de contratos. Se destaca la importancia de tener un conocimiento sólido de las leyes y regulaciones aplicables, la gestión de la logística y el riesgo para llevar a cabo una transacción exitosa. Además, se discuten la oferta y la aceptación como elementos clave en la contratación internacional, incluyendo los requisitos que deben cumplir para ser válidos.

Por último, se describen las formas de contrato y los puntos clave que deben incluir, como la descripción de la mercancía, el precio, el pago, la entrega, la penalización, el certificado de calidad, la legislación, el arbitraje y la entrada en vigor.

Con una planificación cuidadosa y la utilización de herramientas de financiación y seguros comerciales, las empresas pueden minimizar los riesgos y maximizar los beneficios de la compraventa de mercancías a nivel internacional.

U. A. 4. Contratación internacional

Glosario

Arbitraje

Un proceso de resolución de conflictos comerciales en el que un tercero imparcial toma una decisión vinculante sobre el asunto en disputa.

Compraventa

Transacción comercial que implica la transferencia de bienes o servicios de un vendedor a un comprador a cambio de un pago.

Contraoferta

Una propuesta de un comprador al vendedor que contiene términos diferentes a los ofrecidos en la oferta original.

Gestión del riesgo

Proceso de identificación, evaluación y mitigación de los riesgos asociados a una actividad o transacción comercial.

Logística

La gestión de los procesos y actividades necesarios para garantizar el flujo de bienes o servicios desde el punto de origen hasta el punto de destino.

Seguros comerciales

Pólizas de seguros que protegen a las empresas contra riesgos asociados a las transacciones comerciales, como el riesgo de impago.

Transacciones transfronterizas

Actividades comerciales que implican la transferencia de bienes o servicios entre diferentes países.

U. A. 4. Contratación internacional

Ejercicios de autoevaluación

1. **¿Qué es la compraventa de mercancías a nivel internacional?**
   a. Una actividad comercial común solo en algunos países.
   b. Una actividad comercial que implica la transferencia de bienes dentro de un mismo país.
   c. Una actividad comercial que implica la transferencia de bienes entre países diferentes.
   d. Ninguna de las anteriores.

2. **¿Qué se requiere para llevar a cabo la compraventa de mercancías a nivel internacional?**

   a. Conocer solo los términos de los contratos.
   b. Conocer solo los procedimientos de aduanas.
   c. Conocer solo las leyes tributarias.
   d. Conocer las leyes y regulaciones aplicables a las transacciones transfronterizas, incluyendo los términos de los contratos, los procedimientos de aduanas y las leyes tributarias.

3. **¿Qué implica la coordinación de envíos de mercancías en la compraventa de mercancías a nivel internacional?**

   a. La gestión de la logística de transporte.
   b. La programación de la entrega.
   c. El aseguramiento de la calidad de las mercancías.
   d. Todas las anteriores.

4. ¿Qué es uno de los aspectos importantes de la compraventa de mercancías a nivel internacional?

    a. La gestión de la calidad de las mercancías.

    b. La gestión del riesgo.

    c. La gestión de la logística de transporte.

    d. Todas las anteriores.

5. ¿Qué herramientas se pueden utilizar para minimizar los riesgos en la compraventa de mercancías a nivel internacional?

    a. Instrumentos financieros como cartas de crédito.

    b. Seguros de carga.

    c. Seguros de crédito comercial.

    d. Todas las anteriores.

6. ¿Qué es la oferta en la contratación internacional?

    a. Un contrato de compraventa de mercancías.

    b. Una propuesta que una parte hace a otra para celebrar un contrato.

    c. Una invitación para negociar.

    d. Una propuesta de compra de bienes a un vendedor extranjero.

7. ¿Qué requisitos debe cumplir una oferta para ser válida en la compraventa internacional de mercancías?

    a. Ser comunicada de manera efectiva al comprador.

    b. Ser clara y precisa.

    c. Ser vinculante.

    d. Todas las anteriores.

8. ¿Cuáles son algunos de los contratos más comunes necesarios para llevar a cabo una transacción comercial internacional, aparte del contrato de compraventa internacional?

a. Contratos de trabajo y de arrendamiento.
b. Contratos de distribución, contratos de licencia, contratos de agencia y contratos de joint venture.
c. Contratos de préstamo y contratos de donación.
d. Contratos de seguro y contratos de garantía.

9. ¿Qué es una carta de crédito en el comercio internacional?

a. Una herramienta para obtener financiación para la compra de las mercancías.
b. Un compromiso emitido por un banco en el país del vendedor para garantizar que el pago se realizará al comprador.
c. Un documento emitido por un vendedor para garantizar la entrega de las mercancías al comprador.
d. Un compromiso emitido por un banco en el país del comprador para garantizar que el pago se realizará al vendedor.

10.¿Qué información debe incluir una carta de crédito en el comercio internacional?

a. El nombre del banco del vendedor.
b. Las características del transporte de las mercancías.
c. El número de cuenta bancaria del comprador.
d. La descripción de las mercancías y cualquier otra condición acordada entre el comprador y el vendedor.

U. A. 4. Contratación internacional

U. A. 5. INCOTERMS

Introducción

Los Incoterms son un elemento fundamental en el ámbito del comercio internacional, ya que establecen reglas claras y precisas para las transacciones comerciales entre empresas de diferentes países, lo que permite a las empresas planificar y presupuestar con mayor precisión sus operaciones de comercio internacional.

En esta unidad, comenzaremos por abordar el concepto principal de los Incoterms, que es establecer reglas claras y precisas para las transacciones internacionales. Al hacerlo, se logra estandarizar los términos de las transacciones comerciales internacionales y, por tanto, se evitan malentendidos y conflictos que pueden surgir debido a las diferencias culturales y jurídicas entre los países.

Además, veremos las características generales de cada grupo y los detalles específicos de cada Incoterm. Esto le permitirá comprender mejor los costos, riesgos y lugar de entrega asociados con cada uno de ellos.

Por último, analizaremos algunos supuestos prácticos que pueden surgir durante una transacción internacional de mercancías y cómo los términos Incoterms pueden abordarlos.

En definitiva, esta unidad de aprendizaje sobre los Incoterms le proporcionará una visión detallada de los términos comerciales internacionales, así como de su importancia en el ámbito del comercio internacional.

Objetivos

- Comprender el concepto de los Términos Comerciales Internacionales y su importancia en el comercio internacional.
- Identificar y diferenciar los distintos grupos de Incoterms, y conocer las características generales de cada uno de ellos.
- Conocer en detalle cada uno de los Incoterms y comprender los derechos y obligaciones de compradores y vendedores en cada uno de ellos, así como los costos, riesgos y lugar de entrega asociados.
- Analizar las implicaciones prácticas de los Incoterms en una transacción internacional de mercancías, y ser capaz de aplicarlos a situaciones concretas.
- Reflexionar sobre la importancia de los Incoterms para la planificación y presupuestación de operaciones de comercio internacional, así como para la gestión de riesgos y conflictos en las transacciones internacionales.

1. Concepto

El término "Incoterms" es una abreviatura de "Términos Comerciales Internacionales", que son un conjunto de reglas internacionales que establecen los derechos y obligaciones de los compradores y vendedores en el comercio internacional. Los Incoterms son utilizados para definir los términos de entrega de la mercancía, el momento en que se transfieren los riesgos, el lugar de entrega y los costos asociados a la transacción.

El concepto principal de los Incoterms es establecer una comunicación clara y precisa entre compradores y vendedores, para que ambos entiendan sus responsabilidades y obligaciones. Además, los Incoterms permiten a las empresas planificar y presupuestar con mayor precisión sus operaciones de comercio internacional, ya que definen con claridad los costos y riesgos asociados a la transacción.

Es importante destacar que los Incoterms no son leyes o regulaciones, sino que son contratos voluntarios que los compradores y vendedores pueden utilizar para establecer los términos de su transacción.

Además, los Incoterms no abordan cuestiones relacionadas con el pago, la propiedad de la mercancía o las responsabilidades de los contratistas en caso de incumplimiento. Por lo tanto, es importante que los compradores y vendedores complementen los Incoterms con otros acuerdos contractuales para cubrir estas áreas.

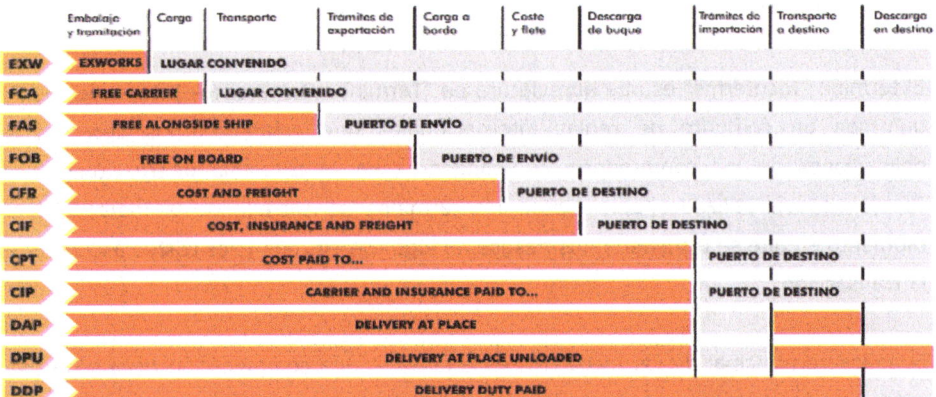

Fig. 1. Incoterms en los diferentes medios de transporte

Tal como se aprecia en la imagen, la responsabilidad va en aumento según nos desplazamos a la derecha de la imagen. Por ello, si el Incoterm acordado está hacia la derecha, la responsabilidad será mayor para el vendedor, en cambio, si el Incoterm elegido es el EXW, el vendedor simplemente tendrá que preparar la mercancía en su almacén, y será el comprado quien asuma toda la responsabilidad, contratando incluso el transporte en origen.

En resumen, el concepto principal de los Incoterms es establecer reglas claras y precisas para las transacciones internacionales, lo que permite a las empresas planificar y presupuestar con mayor precisión sus operaciones de comercio internacional.

Los Incoterms son una herramienta valiosa para cualquier empresa que desee participar en el comercio internacional, ya que establecen un marco claro y común para la negociación de términos comerciales.

2. Características generales de cada grupo y particulares de cada Incoterm

Los Incoterms se dividen en cuatro grupos: Grupo E, Grupo F, Grupo C y Grupo D. Cada grupo tiene sus características generales y cada Incoterm dentro de cada grupo tiene sus particularidades.

El Grupo E, compuesto por un solo Incoterm (EXW), se refiere a la entrega de la mercancía en el lugar de origen, donde el comprador asume todos los costos y riesgos de la operación. En este caso, el vendedor sólo debe poner a disposición la mercancía en su establecimiento, sin cargarla en el vehículo del comprador.

Fig. 2. Los Incoterms GRUPO E pertenecen aquellas entregas directas de salida de fábrica

El Grupo F, también conocido como "Entrega principal no pagada", incluye los Incoterms FCA, FAS y FOB. En este grupo, el vendedor es responsable de la entrega de la mercancía a un transportista designado por el comprador, en un lugar determinado. En el Incoterm FOB, el vendedor es responsable de cargar la mercancía en el buque, mientras que en los Incoterms FCA y FAS, el vendedor solo debe poner la mercancía a disposición del transportista en el lugar convenido.

Fig. 3. El GRUPO F se encarga de las entregas indirectas, donde no pagan el transporte principal

El Grupo C, conocido como "Entrega principal pagada", incluye los Incoterms CFR, CIF, CPT y CIP. En este grupo, el vendedor es responsable de contratar y pagar el transporte de la mercancía, además de cumplir con las formalidades aduaneras necesarias para exportarla. El comprador asume los riesgos y costos a partir del momento en que la mercancía es entregada al transportista en el lugar convenido.

Fig. 4. GRUPO C donde el vendedor asume todos los gastos

Finalmente, el Grupo D, también conocido como "Entrega principal entregada", incluye los Incoterms DAP, DAT y DDP. En este grupo, el vendedor es responsable de entregar la mercancía en el lugar convenido, sin descargarla del vehículo, en el caso de DAP y DAT; mientras que en el Incoterm DDP, el vendedor debe encargarse de entregar la mercancía en el lugar designado por el comprador, descargándola y asumiendo todos los costos y riesgos hasta la entrega.

Fig. 5. En el grupo D el empresario se encarga absolutamente de todo hasta la venta del producto final

Por último, es importante resaltar que cada Incoterm tiene sus propias particularidades en cuanto a los costos y riesgos asumidos por cada parte, así como en cuanto al lugar de entrega y la forma en que se realiza la entrega.

Por lo tanto, es necesario que los compradores y vendedores comprendan las características generales de cada grupo y las particularidades de cada Incoterm para poder elegir el adecuado para su transacción.

3. Supuestos

Los Incoterms son términos comerciales que establecen las obligaciones y responsabilidades de los compradores y vendedores en una transacción internacional de mercancías. Sin embargo, en la práctica, pueden surgir situaciones inesperadas que no están cubiertas explícitamente por los términos Incoterms.

A continuación, se presentan algunos supuestos prácticos que pueden surgir en una transacción internacional de mercancías y cómo los términos Incoterms pueden abordarlos:

- **Retrasos en la entrega de la mercancía debido a problemas de transporte:** En este caso, el término Incoterm aplicable puede determinar quién es responsable de los costos y riesgos relacionados con el transporte, pero no necesariamente establece una solución para los retrasos. Es importante que las partes se comuniquen y acuerden cómo abordarán los retrasos y qué acciones tomarán para minimizar sus efectos.

- **Problemas con las aduanas en el país de destino:** Aunque los términos Incoterms establecen las obligaciones del vendedor para obtener las autorizaciones y permisos necesarios para exportar la mercancía, no cubren lo que sucede si las aduanas en el país de destino retienen o confiscan la mercancía. Siendo imprescindible que las partes acuerden quién será responsable en caso de que esto suceda y cómo se manejará la situación.

- **Pérdida o daño de la mercancía durante el transporte:** Los términos Incoterms establecen quién es responsable de los costos y riesgos relacionados con el transporte, pero no necesariamente especifican quién será responsable en caso de pérdida o daño de la mercancía. Es transcendental que las partes acuerden quién será responsable en caso de que esto suceda y cómo se manejará la situación.

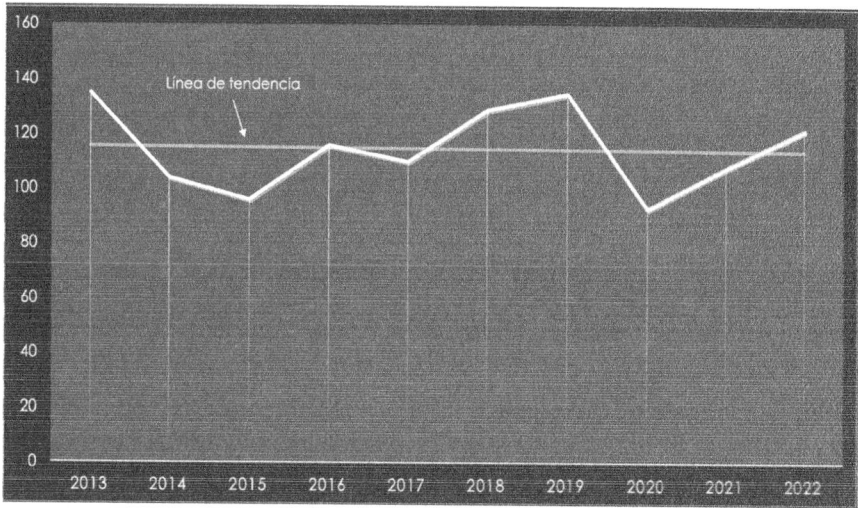

Fig. 6. Evolución anual en el número de accidentes en el transporte de MMPP por carretera

• **Problemas con la calidad de la mercancía:** Los términos Incoterms establecen las obligaciones del vendedor en cuanto a la calidad y conformidad de la mercancía, pero no cubren lo que sucede si la mercancía entregada no cumple con los requisitos acordados. Es importante que las partes acuerden cómo se manejará la situación y quién será responsable de los costos y riesgos asociados.

En resumen, aunque los términos Incoterms son una herramienta útil para establecer las obligaciones y responsabilidades de las partes en una transacción internacional de mercancías, en la práctica pueden surgir situaciones inesperadas que no están cubiertas explícitamente por los términos Incoterms. Es importante que las partes estén en comunicación constante y acuerden cómo abordarán los supuestos prácticos que puedan surgir para evitar confusiones y disputas en el futuro.

U. A. 5. INCOTERMS

Resumen

En esta unidad de aprendizaje, nos hemos centrado en aprender acerca de los Términos Comerciales Internacionales, un conjunto de reglas que establecen los derechos y obligaciones de compradores y vendedores en el comercio internacional.

El objetivo principal ha sido proporcionar una comprensión clara y completa de cada uno de los Incoterms, para que puedan comprender mejor los costos, riesgos y lugar de entrega asociados con cada uno de ellos.

Además, a través de supuestos prácticos, el estudiante ha podido aprender cómo los términos Incoterms pueden abordar situaciones específicas que pueden surgir durante una transacción internacional de mercancías.

Glosario

Aduanas

Organismo encargado de regular y controlar el comercio internacional y de recaudar impuestos sobre las importaciones y exportaciones.

Comercio internacional

Transacciones comerciales entre diferentes países.

Contrato

Acuerdo legal entre dos o más partes que establece las condiciones de una transacción.

Formalidades aduaneras

Trámites legales y administrativos que deben cumplirse para exportar o importar mercancías.

Mercancía

Bienes que son objeto de compra y venta.

Ejercicios de autoevaluación

1. ¿Qué significa el término "Incoterms"?

    a. Términos de comercio interno.

    b. Términos comerciales internacionales.

    c. Términos de entrega de mercancía.

    d. Reglas para la propiedad de la mercancía.

2. ¿Cuáles son los cuatro grupos en los que se dividen los Incoterms?

    a. Grupo A, Grupo B, Grupo C y Grupo D.

    b. Grupo E, Grupo F, Grupo G y Grupo H.

    c. Grupo C, Grupo D, Grupo E y Grupo F.

    d. Grupo F, Grupo D, Grupo A y Grupo B.

3. ¿Cuál es el objetivo principal de los Incoterms?

    a. Definir el lugar de entrega de la mercancía.

    b. Definir los términos de pago de la mercancía.

    c. Establecer una comunicación clara entre compradores y vendedores.

    d. Establecer la propiedad de la mercancía.

4. ¿Qué grupo de Incoterms se refiere a la entrega de la mercancía en el lugar de origen?

    a. Grupo E.

    b. Grupo F.

    c. Grupo C.

    d. Grupo D.

5. ¿Cuál es la responsabilidad del vendedor en el Incoterm EXW?

a. Entregar la mercancía en el lugar convenido.

b. Pagar los costos del transporte internacional.

c. Poner a disposición la mercancía en su establecimiento.

d. Contratar el transporte de la mercancía.

6. ¿En qué grupo de Incoterms el vendedor es responsable de entregar la mercancía en el lugar convenido sin descargarla del vehículo?

a. Grupo E.

b. Grupo F.

c. Grupo C.

d. Grupo D.

7. ¿En qué Incoterm el vendedor es responsable de cargar la mercancía en el buque?

a. CFR.

b. CIF.

c. CPT.

d. FOB.

8. ¿Qué supuesto práctico no está cubierto explícitamente por los términos Incoterms?

a. Pérdida o daño de la mercancía durante el transporte.

b. Problemas con la calidad de la mercancía.

c. Retrasos en la entrega de la mercancía debido a problemas de transporte.

d. Problemas con las aduanas en el país de destino.

9. ¿Qué se recomienda hacer para evitar confusiones y disputas en una transacción internacional de mercancías?

   a. Establecer los costos y responsabilidades de las partes.

   b. Comunicarse constantemente y acordar cómo abordarán los supuestos prácticos que puedan surgir.

   c. No utilizar los términos Incoterms.

   d. Dejar que las partes resuelvan los problemas por sí mismas.

10. ¿Qué factores deben considerarse al elegir un término Incoterm para una transacción internacional de mercancías?

   a. La distancia entre el punto de origen y el destino.

   b. El medio de transporte utilizado.

   c. La experiencia y capacidad de las partes.

   d. Todas las anteriores.

U. A. 5. INCOTERMS

U. A. 6. Aduanas

Introducción

En esta unidad de aprendizaje, abordaremos una amplia gama de temas relacionados con la práctica aduanera, el derecho aduanero comunitario, la economía arancelaria y los diferentes regímenes y destinos aduaneros. También nos adentraremos en los tipos de despachos, el arancel común, la nomenclatura y el origen de las mercancías.

En la sección 6.1, exploraremos la práctica aduanera tanto en general como en el ámbito de la Unión Europea. Luego, en la sección 6.2, describiremos los diferentes tipos de despachos que existen. La sección 6.3 se centrará en el derecho aduanero comunitario, mientras que la sección 6.4 nos explicará el arancel común.

En la sección 6.5, abordaremos varios temas relacionados con la nomenclatura, incluyendo el Sistema Armonizado, la Nomenclatura Combinada, la tarifa arancelaria y el TARIC. Después, en la sección 6.6, nos adentraremos en la economía arancelaria, mientras que la sección 6.7 se centrará en las franquicias aduaneras.

Las secciones 6.8 a 6.11 tratarán temas relacionados con los contingentes y las suspensiones arancelarias, los derechos antidumping y antisubvención. La sección 6.12 se centrará en el origen de las mercancías y los criterios de atribución, mientras que la sección 6.13 nos explicará la justificación del origen.

En las secciones 6.14 a 6.18, describiremos los diferentes destinos aduaneros y regímenes, incluyendo la importación, la exportación, las zonas y depósitos francos. En la sección 6.19, nos adentraremos en el Documento Único Administrativo (DUA), y en la sección 6.20, describiremos el sistema INTRASTAT/Cuadernos ATA.

En definitiva, esta unidad de aprendizaje es una guía completa que aborda todos los aspectos importantes relacionados con la práctica aduanera, desde los tipos de despachos y el derecho aduanero comunitario hasta los regímenes y destinos aduaneros, la nomenclatura y el origen de las mercancías. Esperamos que disfruten de esta unidad y que les sea útil en su aprendizaje.

Objetivos

- Comprender los conceptos básicos de la práctica aduanera, incluyendo los procedimientos aduaneros y las obligaciones de los operadores económicos.
- Identificar los diferentes tipos de despachos aduaneros y comprender sus características, requisitos y plazos.
- Analizar y aplicar el derecho aduanero comunitario, incluyendo las normas y regulaciones que rigen la importación y exportación de mercancías.
- Entender el arancel común y su estructura, así como su importancia en el comercio internacional y las políticas comerciales de la Unión Europea.
- Conocer y aplicar los sistemas de nomenclatura arancelaria, incluyendo el Sistema Armonizado, la Nomenclatura Combinada, la tarifa arancelaria y el TARIC.
- Comprender la economía arancelaria y sus implicaciones en el comercio internacional, incluyendo los efectos de los aranceles y las barreras no arancelarias en el comercio y la inversión.
- Conocer los regímenes y destinos aduaneros, incluyendo la importación, la exportación, las zonas y depósitos francos, y comprender sus características y requisitos.
- Entender los criterios de atribución y justificación del origen de las mercancías, y su importancia en el acceso a los regímenes preferenciales y los acuerdos comerciales.
- Conocer el Documento Único Administrativo (DUA) y su importancia en la gestión aduanera, así como el sistema INTRASTAT/Cuadernos ATA y sus funciones en la recopilación de estadísticas del comercio de mercancías.
- Desarrollar habilidades para aplicar los conocimientos adquiridos en situaciones prácticas, a través de la resolución de casos y ejercicios que simulen situaciones reales en la práctica aduanera.

U. A. 6. Aduanas

1. Práctica aduanera (general y UE)

La práctica aduanera es un conjunto de procedimientos y normas que regulan el flujo de mercancías entre países, y que tiene como objetivo garantizar la seguridad y el control aduanero, así como la recaudación de impuestos y aranceles.

Entre las principales normas y procedimientos aduaneros que se aplican en la UE se encuentran:

Fig. 1. Las aduanas regulan el tráfico de mercancías que sea seguro y legal

- **La declaración aduanera:** Todo operador que desee importar o exportar mercancías en la UE debe presentar una declaración aduanera. Esta declaración debe incluir información detallada sobre las mercancías, su valor, origen y destino, y los impuestos y aranceles aplicables.

- **Los controles aduaneros:** La UE lleva a cabo controles aduaneros para garantizar que las mercancías que entran en la UE cumplen con las normas y requisitos de la UE. Estos controles pueden incluir la inspección física de las mercancías, la toma de muestras para análisis y la verificación de documentos.

- **Los despachos aduaneros:** El despacho aduanero es el proceso mediante el cual se autoriza la importación o exportación de mercancías. En la UE, los despachos aduaneros se pueden realizar a través de distintos procedimientos, como el despacho a libre práctica, el régimen de tránsito o el régimen de depósito aduanero.

- **Los impuestos y aranceles:** En la UE, las mercancías que entran o salen de la UE están sujetas a impuestos y aranceles aduaneros. Estos impuestos y aranceles pueden variar en función de la naturaleza de las mercancías, su valor y origen.

Además de estas normas y procedimientos aduaneros, la UE también aplica una serie de medidas especiales para ciertos tipos de mercancías. Por ejemplo, existen medidas específicas para la importación de productos agrícolas, medicamentos, productos químicos y otros productos sensibles.

Resumen

En resumen, la práctica aduanera es un conjunto de normas y procedimientos que regulan el flujo de mercancías entre países. Las principales normas y procedimientos aduaneros que se aplican en la UE incluyen la declaración aduanera, los controles aduaneros, los despachos aduaneros y los impuestos y aranceles. Además, existen medidas especiales para ciertos tipos de mercancías. La UE aplica estas medidas para garantizar la seguridad y el control aduanero, así como la recaudación de impuestos y aranceles.

2. Tipos de despachos

Los despachos aduaneros son un proceso esencial en el comercio internacional, ya que permiten el paso legal de las mercancías a través de las fronteras de un país. En términos generales, el despacho aduanero se refiere a la declaración y cumplimiento de las normas y regulaciones aduaneras para que las mercancías puedan entrar o salir del territorio de un país.

Existen diferentes tipos de despachos aduaneros, cada uno con requisitos y procedimientos específicos. En términos generales, los tipos de despachos aduaneros son los siguientes:

- **Despacho aduanero de importación:** este tipo de despacho aduanero se aplica cuando se desea importar mercancías a un país. En este proceso, el importador debe presentar la documentación necesaria y cumplir con las regulaciones aduaneras para que las mercancías puedan ingresar al territorio.

- **Despacho aduanero de exportación:** este tipo de despacho aduanero se aplica cuando se desea exportar mercancías desde un país. En este proceso, el exportador debe presentar la documentación necesaria y cumplir con las regulaciones aduaneras para que las mercancías puedan salir del territorio.

- **Despacho aduanero de tránsito:** este tipo de despacho aduanero se aplica cuando las mercancías deben pasar por un país para llegar a otro. En este proceso, el transportista debe presentar la documentación necesaria y cumplir con las regulaciones aduaneras para que las mercancías puedan transitar legalmente por el territorio.

- **Despacho aduanero de cabotaje:** este tipo de despacho aduanero se aplica cuando las mercancías se transportan dentro del territorio de un país. En este proceso, se deben cumplir con las regulaciones aduaneras correspondientes para el transporte interno de las mercancías.

Fig. 2. En el despacho aduanero se comprueba si la carga de entrada o salida coincide con lo declarado

El proceso de despacho aduanero comienza con la presentación de la documentación necesaria, como factura comercial, lista de contenidos o *"packing list"* y permisos, entre otros. Es importante que la documentación esté completa y sea precisa para evitar retrasos o problemas en la aduana. Además, se debe pagar cualquier arancel o impuesto requerido para el proceso de importación o exportación.

En la siguiente imagen, podemos encontrar un ejemplo de factura comercial, donde también tiene la opción de descargarla pinchando en el enlace de la fuente de la imagen.

FACTURA

Nombre de la empresa

| N.º DE FACTURA | FECHA |
| ID DE CLIENTE | CONDICIONES |

Dirección de correo electrónico

FACTURAR A:
A/A: Nombre/Depto.
Nombre de la empresa

ENVIAR A:

Dirección de correo electrónico

DESCRIPCIÓN	MONTO

Observaciones/Instrucciones:

SUBTOTAL	
IMPUESTOS (3,8 %)	
ENVÍO/MANIPULACIÓN	
TOTAL	

GRACIAS

Fig. 3. Ejemplo de factura comercial

A continuación, encontramos la plantilla de la lista de contenidos:

PACKING LIST - POR BULTO

DESTINATARIO			Dimensiones (AxLxA)	
CLIENTE: USUARIO PREMIUM TDP			TOTAL UNIDADES	45
DIRECCIÓN: C/ TODOPLANTILLAEXCEL, 1 CP 02022			TOTAL BULTOS	2,0
TELÉFONO: XXXXXXXXXX			TOTAL PESO kg	0,00

BULTO	DESCRIPCIÓN PRODUCTO	EAN	CANTIDAD
1	PRODUCTO 1	00000000001	8,0
	PRODUCTO 2	00000000002	10,0
Total 1			18,0
2	PRODUCTO 1	00000000001	10,0
	PRODUCTO 2	00000000002	6,0
	PRODUCTO 3	00000000003	11,0
Total 2			27,0
Total general			45,0

Fig. 4. Ejemplo de packing list realizado con Excel

Una vez presentada la documentación y el pago de los impuestos, las mercancías pasan por una inspección aduanera para verificar que cumplan con las regulaciones y normas establecidas. En algunos casos, las mercancías pueden ser retenidas para una inspección más detallada o para la presentación de documentos adicionales.

En conclusión, los despachos aduaneros son un proceso crítico en el comercio internacional que permite el movimiento legal de mercancías a través de las fronteras de un país. Es importante seguir los procedimientos y regulaciones adecuadas para evitar retrasos y problemas en la aduana.

3. Derecho aduanero comunitario

El derecho aduanero comunitario es un conjunto de normas y regulaciones que rigen el comercio de mercancías entre los países miembros de la Unión Europea.

Estas normas tienen como objetivo garantizar que el comercio sea justo, transparente y seguro para todas las partes involucradas. Además, el derecho aduanero comunitario se ocupa de la gestión y recaudación de impuestos sobre las importaciones y exportaciones.

 **Saber más**

En la Unión Europea, los despachos aduaneros se rigen por el Código Aduanero de la Unión (CAU), que establece las normas y regulaciones para la entrada y salida de mercancías del territorio de la UE. Este proceso puede variar de un país miembro a otro, pero en general, se siguen las mismas pautas y procedimientos para el despacho aduanero.

El CAU también establece un sistema electrónico de declaración aduanera llamado Sistema Aduanero de la Unión (SAU), que permite la presentación electrónica de la declaración y otros documentos aduaneros relacionados. El SAU es obligatorio para todos los operadores económicos que realicen operaciones aduaneras en la UE.

Además, el CAU establece la creación de un Código de Conducta Aduanero, que tiene como objetivo mejorar la cooperación y la coordinación entre las autoridades aduaneras de los Estados miembros de la UE y los operadores económicos, con el fin de prevenir y combatir las infracciones aduaneras.

Uno de los objetivos principales del derecho aduanero comunitario es la protección de la salud pública y la seguridad de los ciudadanos de la UE.

Por lo tanto, se establecen controles y medidas específicas para garantizar que las mercancías que ingresan en el territorio comunitario cumplan con los estándares de seguridad y calidad. Esto incluye la verificación de los productos, el etiquetado y los requisitos de envasado, así como la inspección de los lugares de producción.

El derecho aduanero comunitario también se encarga de la protección del medioambiente y de la biodiversidad. En este sentido, se establecen controles para la importación y exportación de especies protegidas, productos químicos peligrosos y residuos. Además, se aplican medidas especiales para la gestión de residuos peligrosos y para prevenir la contaminación ambiental.

Otro aspecto importante del derecho aduanero comunitario es la protección de la propiedad intelectual y de los derechos de autor. Esto incluye la verificación de la autenticidad y la legalidad de los productos que se importan y exportan, así como la lucha contra la falsificación y la piratería. Además, se aplican medidas para prevenir el comercio de productos que infringen patentes o marcas registradas.

El derecho aduanero comunitario también tiene en cuenta los intereses económicos de los países miembros de la UE. Por lo tanto, se aplican medidas para combatir el dumping y la competencia desleal.

Esto incluye la aplicación de derechos antidumping y la aplicación de medidas de salvaguardia en caso de que se produzcan importaciones masivas que puedan dañar la industria nacional.

Fig. 5. El dumping es básicamente una competencia desleal en precio frente a las monedas nacionales

legislación

Algunas **normativas** relevantes que regulan el derecho aduanero son las siguientes:

- *Reglamento (UE) n.º 952/2013 del Parlamento Europeo y del Consejo, de 9 de octubre de 2013,* por el que se establece el código aduanero de la Unión. Este reglamento es el marco legal principal para el derecho aduanero comunitario, ya que establece las normas y procedimientos para la gestión aduanera en toda la UE.
- *Reglamento (UE) n.º 2016/1627 de la Comisión, de 14 de septiembre de 2016,* por el que se establecen disposiciones de aplicación del Reglamento (UE) n.º 952/2013 del Parlamento Europeo y del Consejo en lo que respecta a determinadas medidas de ejecución para la aplicación de la legislación aduanera de la Unión. Este reglamento detalla las medidas específicas de ejecución necesarias para la aplicación efectiva del código aduanero de la Unión.
- *Directiva 2008/118/CE del Consejo, de 16 de diciembre de 2008*, por la que se establece el régimen general de los impuestos especiales y por la que se deroga la Directiva 92/12/CEE. Esta directiva establece las normas para la gestión y el control de los impuestos especiales sobre el alcohol, los productos energéticos y el tabaco en la UE.
- *Reglamento (CE) n.º 450/2008 del Parlamento Europeo y del Consejo, de 23 de abril de 2008,* por el que se establece un régimen comunitario de control de las exportaciones, la transferencia, el corretaje y el tránsito de productos de doble uso. Este reglamento establece un sistema de control para evitar la exportación de productos que puedan utilizarse para fines militares o de represión interna.
- *Reglamento (CE) n.º 1223/2009 del Parlamento Europeo y del Consejo, de 30 de noviembre de 2009*, sobre los productos cosméticos. Este reglamento establece las normas para la comercialización de productos cosméticos en la UE, incluyendo requisitos de seguridad, etiquetado y notificación.

En conclusión, el derecho aduanero comunitario es un conjunto de normas y regulaciones que tienen como objetivo garantizar el comercio justo, transparente y seguro entre los países miembros de la UE. Además, se encarga de la gestión y recaudación de impuestos sobre las importaciones y exportaciones, y se ocupa de la protección de la salud pública, la seguridad, el medioambiente, la propiedad intelectual y los intereses económicos de los países miembros.

4. Arancel común

El arancel común es un conjunto de tarifas que se aplican a los bienes que se importan a un país o una región económica. En el caso de la Unión Europea, por ejemplo, el arancel común se aplica a todos los países miembros y está diseñado para proteger la producción local de la competencia extranjera.

Fig. 6. Los aranceles comunes de son aplicados cada vez que se quiere exportar algo

El arancel común se basa en una lista de productos y sus correspondientes aranceles, que pueden variar según el tipo de bien y su país de origen.

Estos aranceles se utilizan para recaudar fondos para el gobierno y para proteger a los productores locales de la competencia extranjera.

Además de establecer aranceles, el arancel común también establece reglas para el comercio de bienes, como las normas de origen, que determinan si un producto se considera local o importado. Estas reglas son importantes para prevenir la evasión de aranceles y garantizar que los productores locales sean tratados de manera justa.

En resumen, el arancel común es un sistema de tarifas que se utiliza para regular el comercio de bienes en una región económica determinada. Su objetivo es proteger a los productores locales de la competencia extranjera y recaudar fondos para el gobierno.

5. Nomenclatura

La nomenclatura es una parte fundamental del comercio internacional y aduanero, ya que permite identificar los productos y sus características de forma estandarizada.

Existen diferentes sistemas de nomenclatura, siendo los más relevantes el Sistema Armonizado (SA) y la Nomenclatura Combinada (NC).

5.1. Sistema Armonizado (SA)

El Sistema Armonizado (SA) es un sistema internacional de clasificación de mercancías que fue desarrollado por la Organización Mundial de Aduanas (OMA) con el objetivo de facilitar el comercio internacional y la recolección de datos estadísticos. El SA se compone de seis dígitos que identifican el producto de forma general, y otros dos o cuatro dígitos adicionales para detalles más específicos.

La clasificación de los productos en el SA se basa en una jerarquía que va de lo general a lo específico.

El primer dígito indica la categoría general del producto, y los siguientes dígitos van agregando detalles más específicos. Por ejemplo, un producto de la categoría 03 se refiere a pescados y mariscos, mientras que un producto con la clasificación 03.02 se refiere específicamente a pescados frescos o refrigerados.

El SA es utilizado por más de 200 países y territorios en todo el mundo, lo que lo convierte en un sistema de clasificación de productos estándar a nivel internacional. La utilización del SA en los procesos aduaneros facilita el comercio internacional y reduce los obstáculos comerciales entre países.

Además, el SA también se utiliza como base para la elaboración de tarifas arancelarias y estadísticas de comercio. Cada producto tiene una tarifa específica asignada en función de su clasificación en el SA, lo que puede afectar el precio final del producto.

A continuación, puedes ver un esquema de la nomenclatura del sistema SA junto con un ejemplo aplicado a los limones:

Número de sección	08	Frutas y frutos comestibles
Partida SA	05	Agrios (cítricos) frescos o secos.
Subpartida SA	50	Limones (Citrus limon, Citrus limonum) y limas (Citrus aurantifolia, Citrus latifolia)

La clasificación de los productos en el SA está basada en una estructura de 21 secciones, que abarcan desde animales vivos y productos del reino animal, hasta maquinarias y productos electrónicos. Cada sección se divide en capítulos y, a su vez, cada capítulo se divide en partidas y subpartidas, lo que permite una clasificación muy detallada de los productos.

En conclusión, el Sistema Armonizado es un sistema de clasificación de productos estándar a nivel internacional que facilita el comercio internacional y la recolección de datos estadísticos.

La utilización del SA en los procesos aduaneros permite una clasificación detallada de los productos, lo que facilita la identificación de los mismos y reduce los obstáculos comerciales entre países. Además, el SA es utilizado como base para la elaboración de tarifas arancelarias y estadísticas de comercio, lo que puede afectar el precio final del producto.

5.2. Nomenclatura Combinada (NC)

La Nomenclatura Combinada (NC) es un sistema de clasificación de mercancías que se utiliza en la Unión Europea (UE) y está basada en el Sistema Armonizado (SA). La NC utiliza una codificación de ocho dígitos para clasificar los productos, incluyendo información adicional como el país de origen y el tipo de producto.

La NC se compone de 21 secciones, las cuales están organizadas de la misma manera que en el SA. Cada sección se divide en capítulos y, a su vez, cada capítulo se divide en partidas y subpartidas. La codificación de ocho dígitos permite una clasificación detallada de los productos, lo que facilita la identificación de los mismos y reduce los obstáculos comerciales entre los países de la UE.

Además de la información del SA, la NC incluye códigos adicionales que identifican aspectos como el país de origen y el tipo de producto. Los dos primeros dígitos de la codificación NC identifican el capítulo y la sección del SA, mientras que los siguientes cuatro dígitos identifican la partida y subpartida en el SA. Los dos últimos dígitos de la codificación NC identifican información adicional sobre el producto, como el país de origen o el tipo de producto.

La NC se utiliza para la elaboración de tarifas arancelarias, estadísticas de comercio y para la identificación de las mercancías en el comercio internacional. La clasificación detallada de los productos permite una mayor precisión en la recolección de datos estadísticos y facilita el cumplimiento de las regulaciones aduaneras y comerciales.

Es importante mencionar que la NC es un sistema de clasificación específico de la UE y no es utilizado en otros países fuera de la UE. Sin embargo, los países que comercian con la UE deben tener en cuenta la NC al importar o exportar productos, ya que esto afecta las tarifas arancelarias y las regulaciones aduaneras.

En resumen, la Nomenclatura Combinada es un sistema de clasificación de mercancías utilizado en la Unión Europea, que está basada en el Sistema Armonizado. La codificación detallada de ocho dígitos permite una clasificación más precisa de los productos, lo que facilita la identificación de los mismos y reduce los obstáculos comerciales entre los países de la UE. La NC se utiliza para la elaboración de tarifas arancelarias, estadísticas de comercio y para la identificación de las mercancías en el comercio internacional.

5.3. Tarifa arancelaria

La tarifa arancelaria es un impuesto que se cobra sobre la importación y exportación de bienes y servicios. Esta tarifa se establece con el objetivo de proteger la economía nacional y fomentar el comercio justo.

La tarifa arancelaria puede ser *ad valorem*, es decir, un porcentaje del valor de los bienes o servicios, o específica, una cantidad fija por unidad de medida. Los aranceles *ad valorem*

Fig. 8. Los aranceles se aplican sobre los productos importados

se utilizan principalmente para gravar bienes de consumo, mientras que los aranceles específicos se aplican a productos como el alcohol, el tabaco y los combustibles.

 Vocabulario

Ad valorem: impuesto que se basa en el valor que tiene sobre la cantidad de un bien o mercancía de un bien, como céntimos por kilogramo, sin consideración del precio.

La tarifa arancelaria puede variar según el país y el tipo de bien o servicio que se esté importando o exportando. Es importante que los empresarios y comerciantes estén al tanto de las tarifas arancelarias aplicables en cada caso, ya que estas pueden tener un impacto significativo en los costos de producción y en el precio final de los productos.

En resumen, la tarifa arancelaria es un impuesto que se cobra sobre las importaciones y exportaciones y que tiene como objetivo proteger la economía nacional y fomentar el comercio justo. Es importante conocer las tarifas arancelarias aplicables en cada caso para poder calcular los costos de producción y establecer precios competitivos en el mercado.

5.4. TARIC

El sistema TARIC es una herramienta que se utiliza en la Unión Europea para clasificar los productos que se importan o exportan y determinar las tarifas arancelarias correspondientes. La clasificación de los productos se basa en el sistema armonizado de designación y codificación de mercancías, que se utiliza a nivel internacional.

El sistema TARIC permite a las empresas conocer las tarifas arancelarias aplicables a sus productos y determinar los costos de importación o exportación. Además, también se utiliza para aplicar medidas de defensa comercial, como la imposición de derechos antidumping o compensatorios.

La clasificación de los productos en el sistema TARIC es importante, ya que determina el tipo de arancel que se aplicará a la importación o exportación de los mismos. Por lo tanto, es fundamental que las empresas conozcan la clasificación correspondiente a sus productos para poder calcular los costos de producción y establecer precios competitivos en el mercado.

El sistema TARIC también es utilizado para la elaboración de estadísticas comerciales y para la gestión de los controles aduaneros. Asimismo, se utiliza para aplicar medidas restrictivas a la importación o exportación de ciertos productos, como los productos químicos peligrosos o los productos que afectan a la salud pública.

En conclusión, el sistema TARIC es una herramienta fundamental para la gestión del comercio internacional en la Unión Europea. Permite clasificar los productos que se importan o exportan y determinar las tarifas arancelarias correspondientes, así como aplicar medidas de defensa comercial y gestionar los controles aduaneros. Es fundamental que las empresas conozcan la clasificación correspondiente a sus productos para poder calcular los costos de producción y establecer precios competitivos en el mercado.

DIGITOS DE CADA PARTIDA

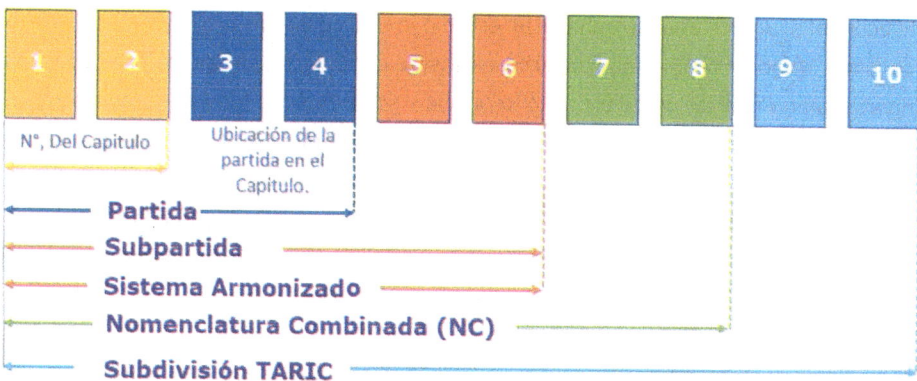

Fig. 9. Sistema TARIC

A continuación, en la siguiente tabla se expone un ejemplo de sistema TARIC aplicado a una partida de calzado con número 6406 10 10 10:

Estructura	Numero TARIC	Definición
Número del capítulo	64	Calzado, polainas y otros artículos similares, así como sus partes.
Subpartida	06	Partes de calzado: elementos superiores fijados a las palmillas de la suela, plantillas, taloneras, polainas, etc., así como sus componentes.
Sistema Armonizado	10	Partes superiores de calzado y sus partes, salvo los contrafuertes y las punteras duras.
Nomenclatura Combinada (NC)	10	Elaborado en cuero.
Subdivisión TARIC	10	Hecho a mano.

6. Economía arancelaria

La economía arancelaria se refiere al estudio de los aranceles y su impacto en la economía nacional y global. Los aranceles son impuestos que se cobran sobre la importación o exportación de bienes y servicios y son utilizados por los gobiernos como una herramienta para proteger la economía nacional y fomentar el comercio justo.

En la economía arancelaria, se estudian los efectos de los aranceles sobre la producción, el empleo, el comercio, la inversión y el bienestar económico. Los aranceles pueden tener impactos positivos y negativos en cada una de estas áreas.

Por un lado, los aranceles pueden proteger a las industrias nacionales de la competencia extranjera y fomentar la producción y el empleo locales. Esto puede ser especialmente importante en industrias estratégicas que son importantes para la seguridad nacional o para la economía en general. Los aranceles también pueden generar ingresos para el gobierno, que pueden ser utilizados para financiar programas sociales o inversiones en infraestructura.

Por otro lado, los aranceles pueden tener efectos negativos en la economía, como aumentar los precios de los productos importados y disminuir la calidad y la variedad de los productos disponibles. Esto puede generar una disminución en el bienestar económico de los consumidores y en la competitividad de las empresas locales. Además, los aranceles también pueden provocar represalias comerciales por parte de otros países, lo que puede reducir las exportaciones y aumentar los costos de los bienes importados.

La economía arancelaria también estudia el impacto de los aranceles en el comercio internacional y la integración económica global. Los aranceles pueden ser utilizados para proteger a las economías nacionales de la competencia extranjera, pero también pueden generar tensiones y conflictos comerciales entre países. Además, los aranceles pueden ser utilizados para proteger a las economías nacionales de las prácticas comerciales desleales, como el dumping o la subvención de exportaciones.

Resumen

En resumen, la economía arancelaria es una rama de la economía que se ocupa del estudio de los aranceles y su impacto en la economía nacional y global. Los aranceles son una herramienta utilizada por los gobiernos para proteger la economía nacional y fomentar el comercio justo, pero pueden tener impactos positivos y negativos en la producción, el empleo, el comercio, la inversión y el bienestar económico. Es importante que los gobiernos y las empresas conozcan los efectos de los aranceles y utilicen esta herramienta de manera efectiva y responsable.

7. Franquicias aduaneras

Las franquicias aduaneras son un régimen especial de importación que permite la entrada de bienes al país sin pagar aranceles ni impuestos aduaneros. Esta herramienta es utilizada por los gobiernos para fomentar el comercio y reducir los costos de producción, especialmente en las pequeñas y medianas empresas.

Existen diferentes tipos de franquicias aduaneras, cada una de las cuales está diseñada para satisfacer diferentes necesidades comerciales. Uno de los tipos más comunes de franquicias aduaneras es la franquicia para la importación temporal de bienes.

Esta franquicia permite a las empresas importar temporalmente bienes que se utilizarán para una actividad específica, como la realización de una exhibición o la filmación de una película. Una vez que la actividad ha concluido, los bienes deben ser reexportados o destruidos para evitar el pago de impuestos.

Fig. 10. Las franquicias aduaneras permiten exportar gran cantidad de bienes por tiempo limitado

 **Ejemplo**

Durante los Juegos Olímpicos de Tokio 2020, se permitió la importación temporal de bienes para los equipos y atletas que participaron en el evento. Esta medida se tomó para facilitar la participación de los deportistas y evitar obstáculos logísticos y de aduanas. En el caso de los equipos y atletas, los bienes importados temporalmente incluyeron equipo deportivo, tecnología, vestuario y otros elementos necesarios para competir y entrenar en el evento.

La selección argentina de hockey femenino que participó en los Juegos Olímpicos de Tokio 2020, importó temporalmente varios bienes, entre los que se incluyen equipos de entrenamiento, indumentaria deportiva y elementos de fisioterapia. Estos bienes fueron importados a Japón bajo el régimen de franquicia temporal y, una vez finalizado el evento, se exportaron de vuelta a Argentina sin tener que pagar aranceles ni impuestos.

Otro tipo de franquicia aduanera es la franquicia para la importación de bienes destinados a la producción de otros bienes que serán exportados. Esta franquicia se utiliza para incentivar la producción y exportación de bienes y se aplica a bienes que se utilizarán como insumos para la producción de otros bienes que serán exportados. De esta manera, se reduce el costo de producción de los bienes exportados, lo que los hace más competitivos en los mercados internacionales.

También existe la franquicia para la importación de bienes destinados a la venta en tiendas libres de impuestos. Esta franquicia permite la importación de bienes que se venderán en tiendas libres de impuestos, como los que se encuentran en los aeropuertos o en las zonas de libre comercio. Estas tiendas están exentas de impuestos, lo que permite a los viajeros y turistas adquirir bienes a precios más bajos.

Las franquicias aduaneras pueden ser otorgadas por un período de tiempo determinado y estar sujetas a ciertas condiciones. Por ejemplo, pueden estar limitadas a un cierto volumen de importación o a un tipo específico de bienes. Además, las empresas que solicitan una franquicia aduanera deben cumplir con ciertos requisitos, como presentar un plan de negocios o demostrar que los bienes importados se utilizarán para una actividad comercial legítima.

En conclusión, las franquicias aduaneras son un régimen especial de importación que permite la entrada de bienes al país sin pagar aranceles ni impuestos aduaneros. Estas herramientas son utilizadas por los gobiernos para fomentar el comercio y reducir los costos de producción.

Existen diferentes tipos de franquicias aduaneras, cada una diseñada para satisfacer diferentes necesidades comerciales. Las empresas que solicitan una franquicia aduanera deben cumplir con ciertos requisitos y condiciones. Es importante que las empresas conozcan las diferentes opciones de franquicias aduaneras disponibles para aprovecharlas de manera efectiva y responsable.

8. Contingentes arancelarios

Los contingentes arancelarios son un mecanismo de protección comercial que permite a los países establecer cuotas de importación para ciertos productos agrícolas o manufacturados, permitiendo el ingreso de una cantidad limitada de bienes sin aranceles o con un arancel preferencial, mientras que se aplican aranceles más altos a las importaciones que exceden el cupo establecido.

Fig. 11. Los contingentes arancelarios protegen al país que recibe la nueva mercancía

Los contingentes arancelarios se utilizan para equilibrar los intereses de los productores nacionales y los consumidores, especialmente en la agricultura. Por un lado, los contingentes arancelarios permiten la entrada de una cantidad limitada de productos a precios más bajos, lo que beneficia a los consumidores.

Por otro lado, el establecimiento de límites a la cantidad de productos importados protege a los productores nacionales de la competencia extranjera.

Recuerda

A modo recordatorio, y tal como hemos visto en puntos anteriores, un arancel es un impuesto que se aplica a los bienes importados o exportados entre países. Es una medida proteccionista que busca desalentar la importación de bienes extranjeros y fomentar la producción y el consumo de bienes nacionales. El arancel se aplica al valor de los bienes importados o exportados y puede variar según el tipo de producto y el país de origen o destino. Los aranceles pueden ser ad valorem (un porcentaje del valor del producto) o específicos (un monto fijo por unidad de producto).

Los contingentes arancelarios también pueden ser utilizados para cumplir con compromisos internacionales de los países.

Por ejemplo, un país puede comprometerse a permitir un contingente arancelario de cierta cantidad de un producto específico en el marco de un acuerdo comercial internacional, lo que le permite cumplir con sus compromisos mientras protege a sus productores nacionales.

Los contingentes arancelarios pueden ser establecidos de forma unilateral por los países, o como resultado de acuerdos bilaterales o multilaterales. En algunos casos, los contingentes arancelarios pueden ser objeto de negociaciones comerciales para reducir las barreras comerciales y fomentar el comercio internacional.

Es importante destacar que los contingentes arancelarios pueden ser complicados de administrar y supervisar, ya que es necesario controlar cuidadosamente la cantidad de productos importados y aplicar los aranceles correspondientes a las importaciones que exceden el cupo establecido. Además, la administración de los contingentes arancelarios puede generar costos adicionales para los gobiernos y los importadores.

En conclusión, los contingentes arancelarios son un mecanismo de protección comercial utilizado para equilibrar los intereses de los productores nacionales y los consumidores. Permiten el ingreso de una cantidad limitada de productos a precios más bajos mientras protegen a los productores nacionales de la competencia extranjera.

Los contingentes arancelarios pueden ser establecidos de forma unilateral o como resultado de acuerdos bilaterales o multilaterales. Sin embargo, su administración y supervisión pueden ser complicadas y generar costos adicionales.

9. Suspensiones arancel

Las suspensiones arancelarias son una herramienta utilizada por los gobiernos para reducir o eliminar temporalmente los aranceles sobre ciertos productos importados. Se utilizan con el objetivo de mejorar el acceso a los productos necesarios, promover la competitividad y fomentar el comercio internacional.

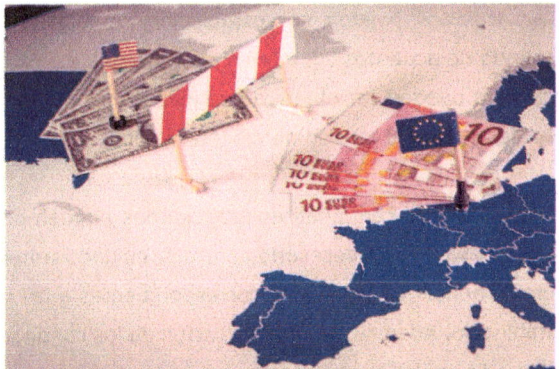

Fig. 12. Las suspensiones arancelarias frenan la importación temporal de un país determinado

Las suspensiones arancelarias son una medida temporal que puede ser solicitada por cualquier importador, exportador o productor nacional. Estas solicitudes pueden ser presentadas por cualquier parte interesada, como asociaciones empresariales, cámaras de comercio o grupos de consumidores.

Las solicitudes suelen incluir información sobre la cantidad de importaciones previstas, el impacto económico esperado y la justificación para la eliminación temporal del arancel.

Las suspensiones arancelarias se utilizan con frecuencia en sectores que son importantes para la economía de un país, como la industria alimentaria, la tecnología o los productos químicos. Las suspensiones arancelarias pueden ser particularmente útiles en situaciones de emergencia, como la pandemia COVID-19, cuando la disponibilidad de ciertos productos se ve afectada y se necesitan soluciones rápidas para garantizar su acceso.

Las suspensiones arancelarias también pueden ser utilizadas como herramienta en negociaciones comerciales internacionales, ya que pueden ser utilizadas para reducir las barreras comerciales y fomentar el comercio. En algunos casos, los países pueden acordar suspender los aranceles sobre ciertos productos como parte de un acuerdo comercial más amplio.

Es importante tener en cuenta que las suspensiones arancelarias son una medida temporal y que los aranceles pueden volver a ser aplicados después de un período de tiempo determinado. Además, las suspensiones arancelarias pueden generar costos para los gobiernos, ya que pueden afectar los ingresos fiscales.

Ejemplo

Un ejemplo de suspensión arancelaria se produjo en Estados Unidos en 2020, cuando se suspendió temporalmente el arancel del 25% a importaciones de productos europeos como vinos, quesos, aceitunas y aviones de la Unión Europea. La suspensión se hizo en respuesta a una disputa comercial con la UE sobre las subvenciones a Airbus y permitió la importación libre de aranceles de estos productos por un período de 4 meses. Esto fue visto como una medida para reducir la tensión en las relaciones comerciales entre Estados Unidos y la UE.

En conclusión, las suspensiones arancelarias son una herramienta utilizada por los gobiernos para reducir o eliminar temporalmente los aranceles sobre ciertos productos importados.

Estas suspensiones se utilizan para mejorar el acceso a los productos necesarios, promover la competitividad y fomentar el comercio internacional. Las suspensiones arancelarias son una medida temporal que puede ser solicitada por cualquier importador, exportador o productor nacional y pueden ser utilizadas en negociaciones comerciales internacionales. Es importante tener en cuenta que las suspensiones arancelarias son una medida temporal y que los aranceles pueden volver a ser aplicados después de un período de tiempo determinado.

10. Derechos antidumping

Los derechos antidumping son medidas comerciales que se aplican para proteger la industria nacional de la competencia desleal de importaciones a precios inferiores a su valor normal. Este valor normal se determina comparando el precio de las importaciones con el precio de productos similares en el mercado nacional o en un tercer país.

En la UE, los derechos antidumping se aplican de acuerdo con el Reglamento (UE) 2016/1036 del Parlamento Europeo y del Consejo, que establece los procedimientos y los criterios para determinar la existencia, la magnitud y el alcance del dumping, así como para establecer los derechos antidumping correspondientes. El objetivo de estos derechos es proteger la industria europea de la competencia desleal de importaciones de terceros países.

Fig. 13. La UE es una de las grandes reguladoras del dumping

Los derechos antidumping pueden ser específicos, es decir, un importe fijo por unidad importada, o *ad valorem*, es decir, un porcentaje sobre el valor de la importación. La duración de los derechos antidumping depende de la duración del dumping y del daño que cause a la industria nacional. Los derechos pueden ser revisados y ajustados periódicamente para adaptarse a las condiciones del mercado.

Resumen

En resumen, los derechos antidumping son una medida importante para proteger la industria nacional de la competencia desleal de importaciones a precios inferiores a su valor normal. La UE aplica estos derechos de acuerdo con criterios y procedimientos establecidos en el Reglamento (UE) 2016/1036 para determinar su existencia, magnitud y alcance, y para establecer los derechos correspondientes.

11. Derechos antisubvención

Los derechos antisubvención son una herramienta importante en la lucha contra el dumping y las subvenciones ilegales que distorsionan el comercio internacional. Estos derechos se aplican a los productos importados que se benefician de subvenciones ilegales de los gobiernos extranjeros, y tienen como objetivo evitar que estos productos desplacen a los productos nacionales y perjudiquen a la industria local.

Los derechos antisubvención se aplican en el marco de la Organización Mundial del Comercio (OMC) y de los acuerdos comerciales bilaterales y multilaterales. Las autoridades aduaneras son las encargadas de aplicar estos derechos y de asegurarse de que los productos importados cumplan con las normas establecidas en las leyes y regulaciones nacionales e internacionales.

Para que se apliquen los derechos antisubvención, se debe demostrar que un producto importado está siendo vendido a un precio inferior al valor normal debido a una subvención ilegal otorgada por el gobierno extranjero.

Las empresas que creen que están siendo perjudicadas por el dumping o las subvenciones ilegales pueden solicitar una investigación y presentar pruebas a las autoridades aduaneras.

Una vez que se ha demostrado la existencia de dumping o subvenciones ilegales, las autoridades aduaneras pueden imponer derechos antisubvención para compensar el daño causado a la industria nacional. Estos derechos se calculan sobre la base del margen de dumping o de la subvención ilegal y se aplican como un porcentaje adicional al valor de los productos importados.

 **Anotación**

Es importante destacar que los derechos antisubvención no son una herramienta para proteger la industria nacional de la competencia legítima. Estos derechos solo se aplican cuando se demuestra la existencia de prácticas comerciales desleales que perjudican a la industria nacional y distorsionan el mercado. Además, los derechos antisubvención no deben utilizarse como una forma de imponer barreras comerciales ilegales o discriminatorias.

En conclusión, los derechos antisubvención son una herramienta importante en la lucha contra el dumping y las subvenciones ilegales que distorsionan el comercio internacional.

Estos derechos se aplican a los productos importados que se benefician de subvenciones ilegales de los gobiernos extranjeros, y tienen como objetivo evitar que estos productos desplacen a los productos nacionales y perjudiquen a la industria local.

Las autoridades aduaneras son las encargadas de aplicar estos derechos y de asegurarse de que los productos importados cumplan con las normas establecidas en las leyes y regulaciones nacionales e internacionales. Los derechos antisubvención no deben utilizarse como una forma de imponer barreras comerciales ilegales o discriminatorias, sino que deben aplicarse solo cuando se demuestra la existencia de prácticas comerciales desleales que perjudican a la industria nacional y distorsionan el mercado.

12. Origen mercancías

El origen de las mercancías es un aspecto fundamental dentro del comercio internacional, ya que determina la aplicación de aranceles y medidas comerciales por parte de los países importadores.

En términos generales, el origen de las mercancías se refiere al lugar donde se producen o fabrican las mercancías, y es un factor clave para determinar su clasificación arancelaria y su tratamiento aduanero.

Fig. 14. Establecer el origen de las mercancías es importante para evitar fraudes millonarios

En este sentido, el origen de las mercancías se establece a través de una serie de criterios y reglas establecidos por la Organización Mundial del Comercio (OMC) y los acuerdos comerciales bilaterales y multilaterales. Estos criterios y reglas se aplican para evitar el fraude y la evasión de aranceles, y para garantizar que las mercancías importadas cumplan con las normas y estándares establecidos en los países importadores.

En general, se considera que una mercancía tiene origen en un país cuando se produce o fabrica íntegramente en ese país. Sin embargo, también existen otros criterios que se aplican para determinar el origen de las mercancías. Por ejemplo, si una mercancía se produce en un país, pero utiliza materiales o componentes importados de otros países, se puede considerar que tiene origen en el país de producción si se cumple con ciertos requisitos establecidos por los acuerdos comerciales.

Asimismo, existen reglas específicas para determinar el origen de las mercancías en los casos en que se realizan procesos de transformación o fabricación en distintos países. Estas reglas se conocen como reglas de origen preferenciales y se aplican en el marco de los acuerdos comerciales que establecen preferencias arancelarias para los países miembros.

En términos generales, las reglas de origen preferenciales se basan en criterios de valor agregado y transformación. Esto significa que para que una mercancía pueda beneficiarse de las preferencias arancelarias establecidas en un acuerdo comercial, se deben cumplir ciertos requisitos que demuestren que la mayor parte del valor de la mercancía se ha agregado en el país que solicita la preferencia.

Es importante destacar que el origen de las mercancías también tiene implicaciones en la protección de la propiedad intelectual y la lucha contra la falsificación y la piratería. En este sentido, las autoridades aduaneras son las encargadas de aplicar las normas y reglas sobre el origen de las mercancías, así como de verificar la autenticidad de las declaraciones de origen presentadas por los importadores.

Fig. 15. El origen de las mercancías viene dado en los códigos que acompañan al producto

En conclusión, el origen de las mercancías es un aspecto fundamental dentro del comercio internacional y del ámbito aduanero.

La determinación del origen de las mercancías se realiza a través de una serie de criterios y reglas establecidos por la OMC y los acuerdos comerciales bilaterales y multilaterales.

Las autoridades aduaneras son las encargadas de aplicar las normas y reglas sobre el origen de las mercancías, así como de verificar la autenticidad de las declaraciones de origen presentadas por los importadores.

El origen de las mercancías también tiene implicaciones en la protección de la propiedad intelectual y la lucha contra la falsificación y la piratería, por lo que es importante que los países importadores establezcan medidas efectivas para prevenir estas prácticas ilegales y garantizar la protección de los derechos de propiedad intelectual.

13. Criterios de atribución

Los criterios de atribución son un conjunto de reglas y principios que se utilizan para determinar el país de origen de las mercancías. Este concepto es fundamental en el ámbito aduanero, ya que el país de origen de una mercancía tiene un impacto directo en su tratamiento arancelario, así como en la aplicación de medidas de política comercial y de protección de la propiedad intelectual.

En general, el país de origen se refiere al lugar donde se produjo la mercancía, es decir, donde se llevó a cabo su fabricación o producción. Sin embargo, en algunos casos puede resultar complicado determinar este lugar, especialmente en un contexto de globalización y cadenas de suministro internacionales.

Por esta razón, se han establecido criterios de atribución que permiten determinar el origen de las mercancías de manera más precisa y coherente.

Existen varios criterios de atribución que se utilizan en el ámbito aduanero, entre los que destacan los siguientes:

- **Criterio de valor de contenido regional:** este criterio se utiliza en el contexto de acuerdos comerciales regionales, y se basa en el porcentaje de valor que corresponde a los insumos y componentes que provienen de los países miembros del acuerdo. En general, se establece un umbral mínimo de valor de contenido regional para que una mercancía sea considerada originaria del país de exportación.

- **Criterio de cambio de clasificación arancelaria:** este criterio se aplica cuando la mercancía ha sido sometida a una transformación sustancial en el país de exportación, de tal manera que su clasificación arancelaria ha cambiado. En este caso, la mercancía se considera originaria del país de exportación.

- **Criterio de fabricación completa:** este criterio se aplica cuando la mercancía ha sido producida íntegramente en un solo país, sin la intervención de insumos o componentes de otros países. En este caso, la mercancía se considera originaria del país de producción.

- **Criterio de acumulación:** este criterio se aplica en el contexto de acuerdos comerciales regionales, y permite acumular el valor de contenido regional de insumos y componentes de diferentes países miembros del acuerdo, con el fin de alcanzar el umbral mínimo necesario para que una mercancía sea considerada originaria del país de exportación.

En general, los criterios de atribución se basan en el análisis de la cadena de producción y suministro de las mercancías, y tienen como objetivo determinar de manera precisa y coherente el país de origen de estas.

Esto permite aplicar el tratamiento arancelario correspondiente, así como las medidas de política comercial y de protección de la propiedad intelectual adecuadas, y fomentar un comercio internacional justo y equitativo.

Por lo tanto, es importante que los importadores y exportadores estén familiarizados con los criterios de atribución establecidos para determinar el origen de las mercancías, y que las autoridades aduaneras estén preparadas para aplicar y verificar el cumplimiento de estas normas y reglas.

Fig. 16. Conocer el origen de las mercancías ya que así la otra empresa puede reclamar si existe algún tipo de desperfecto

14. Justificación origen

La justificación del origen es un procedimiento que se utiliza en el ámbito aduanero para demostrar la procedencia de las mercancías y, por ende, su tratamiento arancelario. Esta práctica es fundamental en el comercio internacional, ya que permite garantizar la aplicación de las normas y reglas de origen establecidas en los acuerdos comerciales y en las leyes y regulaciones aduaneras.

Para justificar el origen de las mercancías, es necesario contar con la documentación correspondiente que acredite su procedencia. En general, esta documentación incluye:

- **Certificado de origen:** es un documento emitido por las autoridades aduaneras o por una cámara de comercio, que acredita el origen de las mercancías de acuerdo con los criterios de atribución establecidos. Este documento es necesario para solicitar la aplicación de tratamientos arancelarios preferenciales en el marco de acuerdos comerciales.

- **Factura comercial:** es un documento emitido por el exportador que describe las mercancías y su valor, y que incluye información sobre su origen. Esta información puede ser utilizada para justificar el origen de las mercancías en el marco de las leyes y regulaciones aduaneras.

- **Documentación de transporte:** incluye la guía de remisión, el conocimiento de embarque, la factura de transporte, entre otros documentos que acreditan el transporte de las mercancías desde el país de origen hasta el país de destino.

- **Documentación de producción:** incluye información detallada sobre el proceso de producción de las mercancías, que puede ser utilizada para justificar su origen en el marco de las leyes y regulaciones aduaneras.

Es importante destacar que la justificación del origen de las mercancías no es solo una obligación legal, sino que también es una práctica ética y responsable en el comercio internacional.

Al justificar el origen de las mercancías, se evita la aplicación de tratamientos arancelarios incorrectos, se promueve el comercio justo y equitativo, y se contribuye a la lucha contra el fraude y la evasión fiscal.

En conclusión, la justificación del origen de las mercancías es un procedimiento clave en el ámbito aduanero y en el comercio internacional en general. Para justificar el origen de las mercancías, es necesario contar con la documentación correspondiente, que incluye certificados de origen, facturas comerciales, documentación de transporte y documentación de producción. Al justificar el origen de las mercancías, se garantiza la aplicación adecuada de los tratamientos arancelarios y se promueve un comercio justo y equitativo.

15. Destinos aduaneros

Los destinos aduaneros son una herramienta clave en el comercio internacional, ya que permiten regular y controlar el ingreso y la salida de mercancías de un país. Los destinos aduaneros se refieren a las diferentes opciones que tienen los importadores y exportadores en cuanto al tratamiento de las mercancías en la aduana.

A continuación, se describen los principales destinos aduaneros y su función:

- **Importación para el consumo:** este es el destino aduanero más común y se refiere a la importación de mercancías que serán destinadas al consumo o a la venta en el país de importación. Para utilizar este destino aduanero, es necesario pagar los impuestos y aranceles correspondientes.

- **Importación temporal:** este destino aduanero se refiere a la importación de mercancías que serán utilizadas en el país de importación durante un período limitado de tiempo, y que serán posteriormente reexportadas. Este destino aduanero puede ser utilizado para evitar el pago de impuestos y aranceles en la importación temporal de mercancías.

- **Reexportación:** este destino aduanero se refiere a la salida de mercancías del país de importación, ya sea porque fueron rechazadas por el comprador o porque se trata de mercancías que fueron importadas temporalmente y deben ser devueltas al país de origen.

- **Tránsito:** este destino aduanero se refiere al transporte de mercancías a través del territorio de un país sin que se produzca una importación o exportación. Este destino aduanero puede ser utilizado para el transporte de mercancías que no sean objeto de comercio en el país de tránsito.

- **Depósito:** este destino aduanero se refiere a la entrada de mercancías en un depósito aduanero, donde permanecerán hasta que se defina su destino final. Este destino aduanero puede ser utilizado para mercancías que no han sido vendidas o para aquellas que están sujetas a restricciones o contingentes arancelarios.

- **Admisión temporal:** este destino aduanero se refiere a la entrada de mercancías en el país de importación con el fin de ser utilizadas para un fin específico, como una feria o una exposición. Este destino aduanero puede ser utilizado para evitar el pago de impuestos y aranceles en la importación temporal de mercancías.

Es importante destacar que los destinos aduaneros pueden variar según el país y la región, y que es fundamental conocer las normas y regulaciones aduaneras de cada lugar para poder utilizarlos adecuadamente. Además, los destinos aduaneros tienen implicaciones arancelarias y fiscales importantes, por lo que es necesario contar con un buen asesoramiento legal y contable para utilizarlos de manera correcta.

Resumen

En resumen, los destinos aduaneros son una herramienta clave en el comercio internacional, ya que permiten regular y controlar el ingreso y la salida de mercancías de un país. Los destinos aduaneros incluyen la importación para el consumo, la importación temporal, la reexportación, el tránsito, el depósito y la admisión temporal.

Es fundamental conocer las normas y regulaciones aduaneras de cada lugar para poder utilizar adecuadamente los destinos aduaneros.

16. Régimen importación

El régimen de importación se refiere al conjunto de normas, procedimientos y requisitos que deben cumplirse para poder introducir mercancías extranjeras en un país determinado. Este régimen tiene como objetivo regular y controlar las importaciones con el fin de proteger la economía nacional, la salud pública, el medioambiente y la seguridad nacional.

El régimen de importación puede variar significativamente de un país a otro, ya que cada gobierno tiene el derecho soberano de establecer sus propias políticas comerciales. Sin embargo, en general, el régimen de importación se basa en los siguientes elementos:

- **Licencias de importación:** Las licencias de importación son autorizaciones administrativas que se requieren para importar ciertas mercancías en un país determinado. Estas licencias pueden ser obligatorias o no obligatorias, dependiendo de las políticas comerciales del país.

- **Aranceles de importación:** Los aranceles de importación son impuestos que se aplican a las mercancías que se importan en un país determinado. Estos aranceles pueden ser *ad valorem* (un porcentaje del valor de la mercancía) o específicos (una cantidad fija por unidad de medida). Los aranceles de importación pueden variar según el tipo de producto y el país de origen.

- **Restricciones cuantitativas:** Las restricciones cuantitativas son límites en la cantidad de mercancías que se pueden importar en un país determinado. Estas restricciones pueden ser en forma de cuotas de importación (un límite máximo en la cantidad de mercancías que se pueden importar) o en forma de prohibiciones absolutas (la importación de ciertas mercancías está completamente prohibida).

- **Medidas sanitarias y fitosanitarias:** Las medidas sanitarias y fitosanitarias son regulaciones que se aplican a las mercancías que se importan para garantizar la protección de la salud pública y el medioambiente.

  Estas medidas pueden incluir la realización de pruebas de calidad y seguridad en la mercancía, la imposición de requisitos de envasado y etiquetado y la imposición de restricciones en la importación de ciertas mercancías.

- **Medidas antidumping y compensatorias:** Las medidas antidumping y compensatorias son medidas que se aplican a las mercancías que se importan cuando se considera que estas mercancías se venden a precios inferiores a su valor normal o que reciben subsidios ilegales en el país de origen.

  Estas medidas pueden contener la imposición de derechos antidumping y compensatorios, que aumentan el precio de las mercancías importadas para compensar la diferencia en los precios.

En resumen, el régimen de importación es un conjunto de normas y procedimientos que deben cumplirse para poder importar mercancías en un país determinado. Estas normas y procedimientos tienen como objetivo proteger la economía nacional, la salud pública, el medioambiente y la seguridad nacional.

El régimen de importación puede incluir licencias de importación, aranceles de importación, restricciones cuantitativas, medidas sanitarias y fitosanitarias, y medidas antidumping y compensatorias.

17. Régimen exportación

El régimen de exportación es una de las principales actividades que se llevan a cabo en el comercio internacional. Consiste en la salida legal de mercancías de un país para ser vendidas en otro. Para ello, se deben cumplir una serie de requisitos y formalidades, que pueden variar dependiendo del tipo de producto y del país de destino.

En general, el régimen de exportación implica la realización de trámites aduaneros y la obtención de autorizaciones y certificaciones que garanticen la calidad y la seguridad de los productos exportados.

Además, se deben cumplir con las normas y regulaciones de comercio internacional, así como con los acuerdos comerciales bilaterales o multilaterales que existan entre el país de origen y el país de destino.

Uno de los principales requisitos para la exportación es la clasificación arancelaria de los productos. Esta clasificación determina el arancel que se debe pagar por la importación del producto en el país de destino. Por lo tanto, es importante conocer la clasificación arancelaria de los productos a exportar, para poder calcular el costo total de la operación.

También, es importante tener en cuenta que algunos productos pueden estar sujetos a restricciones o prohibiciones de exportación, como armas, drogas, materiales radioactivos, entre otros. En estos casos, se deben obtener autorizaciones especiales y cumplir con los procedimientos establecidos por las autoridades competentes.

En el proceso de exportación, también es necesario considerar la logística y el transporte de los productos. Es importante elegir la forma de transporte adecuada y asegurarse de que se cumplan las normas y regulaciones de seguridad y protección ambiental.

Otro aspecto relevante en el régimen de exportación es la documentación requerida. Entre los documentos necesarios para la exportación se encuentran la factura comercial, el certificado de origen, el documento de transporte, la declaración aduanera de exportación y los permisos y autorizaciones especiales que puedan requerirse.

En resumen, el régimen de exportación es un proceso clave en el comercio internacional, que requiere del cumplimiento de una serie de requisitos y formalidades. La correcta gestión del régimen de exportación permite a las empresas expandir sus mercados y aumentar sus oportunidades de negocio en el ámbito internacional.

18. Zonas/depósitos francos

Las zonas y depósitos francos son áreas especiales que se encuentran en las fronteras de un país y están diseñadas para facilitar el comercio internacional y reducir la carga fiscal y aduanera sobre las mercancías importadas o exportadas. Estas zonas y depósitos ofrecen una serie de ventajas fiscales y aduaneras para las empresas que los utilizan, lo que los convierte en una opción atractiva para las empresas que buscan reducir sus costos y mejorar su competitividad en el mercado global.

Las zonas francas son áreas geográficas designadas por un gobierno en las que las empresas pueden importar y exportar mercancías sin tener que pagar aranceles y otros impuestos aduaneros. Estas zonas están diseñadas para fomentar la inversión extranjera y el comercio internacional al proporcionar un entorno libre de impuestos y regulaciones.

Fig. 17. Vista general de la zona franca de Barcelona

Las empresas que operan en una zona franca pueden disfrutar de una serie de beneficios, como la exención de impuestos sobre las importaciones y exportaciones, la exención de impuestos sobre la renta y los beneficios, y la eliminación de ciertas regulaciones aduaneras. Además, las empresas pueden beneficiarse de la proximidad a los puertos, aeropuertos y otras infraestructuras de transporte clave que se encuentran en las zonas francas.

Ejemplo

La Zona Franca de Barcelona ofrece incentivos fiscales y aduaneros para las empresas que se establecen allí, lo que les permite importar, exportar y almacenar mercancías con beneficios fiscales y aduaneros. Además, la zona ofrece acceso a infraestructuras y servicios especializados para la logística, el transporte y la distribución de mercancías.

En este lugar, las empresas pueden realizar actividades comerciales sin pagar impuestos sobre el valor añadido (IVA) o los impuestos especiales. También se permite el almacenamiento de mercancías sin pagar aranceles aduaneros y otros impuestos. Además, las empresas pueden beneficiarse de un régimen fiscal especial que les permite deducir los gastos relacionados con su actividad en la zona franca de sus impuestos.

Por otro lado, los depósitos francos son instalaciones de almacenamiento de mercancías que se encuentran en las fronteras de un país y que ofrecen una serie de ventajas fiscales y aduaneras a las empresas que las utilizan.

Estos depósitos están diseñados para permitir que las empresas almacenen mercancías durante un período determinado sin tener que pagar impuestos aduaneros y otros cargos fiscales. Las empresas que utilizan depósitos francos pueden beneficiarse de una serie de ventajas, como la reducción de los costos de almacenamiento y la eliminación de los riesgos asociados con el transporte de mercancías.

Además, estas instalaciones de almacenamiento pueden ser utilizadas para realizar operaciones de transformación, como la clasificación y el etiquetado, lo que puede permitir que las empresas obtengan mayores ganancias en el mercado global.

En conclusión, las zonas y depósitos francos son herramientas clave para las empresas que buscan reducir los costos y mejorar su competitividad en el mercado global.

Estas áreas especiales ofrecen una serie de ventajas fiscales y aduaneras que pueden ayudar a las empresas a ahorrar dinero y tiempo en el proceso de importación y exportación de mercancías. Al utilizar zonas y depósitos francos, las empresas pueden aprovechar al máximo las oportunidades que ofrece el comercio internacional y expandir sus operaciones en todo el mundo.

19. Documento único administrativo (DUA)

El Documento Único Administrativo (DUA) es un formulario utilizado en el comercio internacional para declarar la importación o exportación de mercancías en la Unión Europea.

Es un documento estandarizado que se utiliza en todos los Estados miembros de la UE para cumplir con los requisitos aduaneros y fiscales. El DUA es un documento esencial que permite a las autoridades aduaneras rastrear y controlar la entrada y salida de mercancías en la UE y garantizar que se cumplan todas las normas y regulaciones aplicables.

El DUA se presenta electrónicamente y contiene información detallada sobre la mercancía, el remitente, el destinatario y los países de origen y destino. Además, el DUA incluye información sobre el valor de la mercancía, el peso y el número de unidades. También se utilizan códigos específicos para identificar las mercancías, lo que facilita el proceso de control aduanero.

El proceso de presentación del DUA es un paso crucial en la importación o exportación de mercancías en la UE. Es importante que las empresas presenten el DUA correctamente y en el momento adecuado para evitar retrasos y sanciones. El DUA también es importante porque permite a las autoridades aduaneras verificar que la mercancía cumple con las normas y regulaciones aplicables, como las normas de seguridad y calidad.

Por otro lado, es importante conocer la manera correcta de rellenar este documento, por ejemplo, la casilla 1, que se refiere a la declaración de las mercancías, la casilla 2, que se refiere a la identificación del exportador, y la casilla 20, que se refiere a las condiciones de entrega. También se explica el contenido de otras casillas relevantes, como la casilla 5, que se refiere al número de partidas, la casilla 8, que se refiere al destinatario de la mercancía, y la casilla 22, que se refiere al importe de la factura comercial.

En la UE, existen dos tipos de DUA: el DUA de importación y el DUA de exportación. El DUA de importación se utiliza para declarar la entrada de mercancías en la UE, mientras que el DUA de exportación se utiliza para declarar la salida de mercancías de la UE. Además, el DUA puede ser utilizado para la exportación temporal de mercancías, lo que permite a las empresas exportar temporalmente una mercancía sin tener que pagar impuestos y aranceles adicionales.

En conclusión, el Documento Único Administrativo (DUA) es un documento esencial en el comercio internacional en la UE. Es un documento estandarizado que se utiliza en todos los Estados miembros de la UE para cumplir con los requisitos aduaneros y fiscales.

El DUA es importante porque permite a las autoridades aduaneras rastrear y controlar la entrada y salida de mercancías en la UE y garantizar que se cumplan todas las normas y regulaciones aplicables. Es importante que las empresas presenten el DUA correctamente y en el momento adecuado para evitar retrasos y sanciones y garantizar una importación o exportación exitosa.

20. INTRASTAT / Cuadernos ATA

INTRASTAT es un sistema estadístico que recopila información sobre el comercio de bienes entre los Estados miembros de la Unión Europea. Este sistema se utiliza para recopilar datos sobre las importaciones y exportaciones entre los Estados miembros, y para calcular la balanza comercial de cada país. INTRASTAT se aplica a todas las empresas que realicen operaciones comerciales entre los Estados miembros de la UE y tienen un valor superior a un umbral estadístico determinado.

El sistema INTRASTAT se basa en declaraciones que se presentan en forma de informes periódicos, generalmente mensuales. Las empresas que realizan transacciones intracomunitarias están obligadas a presentar estas declaraciones, que contienen información sobre el valor de las mercancías, su peso y otros datos relevantes. Las autoridades aduaneras utilizan esta información para controlar el comercio y calcular la balanza comercial de cada país.

Por otro lado, los Cuadernos ATA son documentos aduaneros internacionales que se utilizan para facilitar el comercio internacional.

Los Cuadernos ATA se utilizan para permitir la entrada temporal de mercancías en un país sin tener que pagar derechos de importación y otros impuestos. Esto se aplica a mercancías que se utilizan para exposiciones, ferias, conciertos y otros eventos similares.

El Cuaderno ATA permite que las mercancías sean enviadas temporalmente a otro país sin tener que pagar aranceles y otros impuestos.

Fig. 18. Cuaderno ATA

Los Cuadernos ATA se utilizan para evitar el pago de derechos de aduana y otros impuestos en los países que no forman parte de la UE. En el caso de la UE, los Cuadernos ATA no son necesarios, ya que existe un sistema similar llamado Documento Único Administrativo (DUA).

Es importante destacar que los Cuadernos ATA no son aplicables a todas las mercancías y que existen ciertos requisitos que deben cumplirse antes de su uso. Por ejemplo, los bienes deben ser identificables y retornables y deben ser destinados a un uso temporal.

En conclusión, INTRASTAT y Cuadernos ATA son dos aspectos importantes del comercio internacional y las aduanas. INTRASTAT se utiliza para recopilar información estadística sobre el comercio entre los Estados miembros de la UE, mientras que los Cuadernos ATA se utilizan para permitir la entrada temporal de mercancías en otros países sin tener que pagar aranceles y otros impuestos. Ambos sistemas son esenciales para facilitar el comercio internacional y asegurar que las operaciones comerciales se realicen de manera efectiva y eficiente.

Resumen

Esta unidad de aprendizaje aborda diversos temas relacionados con la práctica aduanera, el derecho aduanero comunitario, la economía arancelaria y los diferentes regímenes y destinos aduaneros. También se tratan temas como los tipos de despachos, el arancel común, la nomenclatura y el origen de las mercancías.

En la sección 6.1, se explica la práctica aduanera, tanto en general como en el ámbito de la Unión Europea. En la sección 6.2, se describen los diferentes tipos de despachos que existen. La sección 6.3 se centra en el derecho aduanero comunitario, mientras que la sección 6.4 explica el arancel común.

En la sección 6.5 se tratan varios temas relacionados con la nomenclatura, incluyendo el Sistema Armonizado, la Nomenclatura Combinada, la tarifa arancelaria y el **TARIC**. La sección 6.6 aborda la economía arancelaria, mientras que la sección 6.7 se centra en las franquicias aduaneras.

En las secciones 6.8 a 6.11 se tratan temas relacionados con los contingentes y las suspensiones arancelarias, los derechos antidumping y anti - subvención. La sección 6.12 se centra en el origen de las mercancías y los criterios de atribución, mientras que la sección 6.13 trata la justificación del origen.

En las secciones 6.14 a 6.18 se describen los diferentes destinos aduaneros y regímenes, incluyendo la importación, la exportación, las zonas y depósitos francos. En la sección 6.19 se explica el Documento Único Administrativo (**DUA**), y en la sección 6.20 se describe el sistema INTRASTAT/Cuadernos **ATA**.

En resumen, esta unidad de aprendizaje es una guía completa que aborda todos los aspectos importantes relacionados con la práctica aduanera, desde los tipos de despachos y el derecho aduanero comunitario hasta los regímenes y destinos aduaneros, la nomenclatura y el origen de las mercancías.

U. A. 6. Aduanas

Glosario

Aranceles

Impuestos que se aplican a los bienes importados o exportados.

Depósito aduanero

Un régimen aduanero que permite almacenar mercancías importadas o en tránsito en un almacén autorizado sin pagar los aranceles y otros impuestos hasta su salida del almacén.

Documento Único Administrativo (DUA)

Sistema similar al Cuaderno ATA utilizado en la Unión Europea para evitar el pago de derechos de aduana y otros impuestos. Se utiliza para la importación y exportación de bienes entre los Estados miembros de la UE y reemplaza a varios documentos aduaneros anteriores.

Reexportación

Se refiere a la salida de mercancías del país de importación, ya sea porque fueron rechazadas por el comprador o porque se trata de mercancías que fueron importadas temporalmente y deben ser devueltas al país de origen.

Regulaciones aduaneras

Normas y procedimientos que regulan el flujo de mercancías entre países, incluyendo la importación, exportación y tránsito de mercancías.

Sistema Armonizado

Es un sistema internacional de clasificación de mercancías que permite identificar los productos de forma general y específica, mediante un código de ocho dígitos.

Tránsito

Se refiere al transporte de mercancías a través del territorio de un país sin que se produzca una importación o exportación. Puede ser utilizado para el transporte de mercancías que no sean objeto de comercio en el país de tránsito.

U. A. 6. Aduanas

Ejercicios de autoevaluación

1. **¿Qué es la declaración aduanera en la UE?**

   a. Un documento que permite la entrada de mercancías en la UE sin pagar impuestos y aranceles.

   b. Un documento que incluye información detallada sobre las mercancías, su valor, origen y destino, y los impuestos y aranceles aplicables.

   c. Un procedimiento que se lleva a cabo para proteger la seguridad de la UE.

   d. Un control aduanero que incluye la inspección física de las mercancías.

2. **¿Qué es el despacho aduanero de importación?**

   a. Un proceso para exportar mercancías desde un país.

   b. Un proceso para transportar mercancías dentro del territorio de un país.

   c. Un proceso para importar mercancías a un país.

   d. Un proceso para el tránsito de mercancías por un país.

3. **¿Cuál es uno de los objetivos principales del derecho aduanero comunitario?**

   a. Promover la competencia desleal en el comercio de mercancías entre los países miembros de la Unión Europea.

   b. Garantizar que las mercancías que ingresan en el territorio comunitario cumplan con los estándares de seguridad y calidad.

   c. Permitir la importación y exportación de especies protegidas y productos químicos peligrosos sin restricciones.

   d. Facilitar la falsificación y piratería de productos en el comercio entre los países miembros de la Unión Europea.

4. ¿Qué es el arancel común y para qué se utiliza en la Unión Europea?

   a. Es un sistema de impuestos que se aplica a los bienes producidos localmente en la UE para protegerlos de la competencia extranjera.
   b. Es un conjunto de tarifas que se aplican a los bienes que se importan a la UE para proteger la producción local de la competencia extranjera.
   c. Es un conjunto de reglas que establecen los requisitos para que un producto se considere local o importado en la UE.
   d. Es un sistema de regulaciones que se aplica a las empresas extranjeras que desean operar en la UE.

5. ¿Qué son los contingentes arancelarios?

   a. Un mecanismo de protección comercial que permite la entrada de cualquier cantidad de productos sin aranceles.
   b. Un mecanismo de protección comercial que establece cuotas de importación para ciertos productos, permitiendo la entrada de una cantidad limitada de bienes sin aranceles o con un arancel preferencial.
   c. Un acuerdo comercial internacional que establece la eliminación de aranceles para todos los productos importados.
   d. Una lista de productos y sus correspondientes aranceles establecidos por un país.

6. ¿Qué es una suspensión arancelaria?

   a. Una herramienta utilizada por los gobiernos para reducir o eliminar permanentemente los aranceles sobre ciertos productos importados.
   b. Una medida que solo puede ser solicitada por productores nacionales para mejorar su competitividad.
   c. Una medida temporal que puede ser solicitada por cualquier importador, exportador o productor nacional para reducir o eliminar temporalmente los aranceles sobre ciertos productos importados.
   d. Una medida que solo puede ser utilizada como herramienta en negociaciones comerciales internacionales.

7. ¿Cuál es el objetivo de los derechos antidumping en la UE?

    a. Promover la competencia desleal de importaciones a precios inferiores a su valor normal.

    b. Aumentar el acceso de importaciones a precios inferiores al valor normal.

    c. Proteger la industria europea de la competencia desleal de importaciones a precios inferiores a su valor normal.

    d. Reducir los aranceles de importación en la UE.

8. ¿Cuál es el objetivo de establecer reglas y criterios para determinar el origen de las mercancías en el comercio internacional?

    a. Evitar el fraude y la evasión de aranceles.

    b. Establecer preferencias arancelarias para los países miembros.

    c. Garantizar la protección de los derechos de propiedad intelectual.

    d. Todas las anteriores son correctas.

9. ¿Cuál es uno de los requisitos más importantes para la exportación de productos?

    a. Obtener autorizaciones especiales.

    b. Realizar trámites aduaneros.

    c. Conocer la clasificación arancelaria de los productos.

    d. Cumplir con las normas y regulaciones de seguridad y protección ambiental.

10.¿Cuál es la función del sistema INTRASTAT en el comercio de bienes entre los Estados miembros de la Unión Europea?

a. Recopilar información estadística sobre las importaciones y exportaciones entre los Estados miembros.

b. Permitir la entrada temporal de mercancías en un país sin pagar derechos de importación y otros impuestos.

c. Establecer los requisitos que deben cumplirse antes de utilizar los Cuadernos ATA.

d. Ninguna de las anteriores.

Aplicaciones prácticas

Aplicación práctica 1. Deslocalización en el transporte

Unidad de aprendizaje 1: Realidad y tendencia actual

Trabajas en una empresa de transporte española que ha decidido deslocalizar parte de su operación de transporte a un país de Europa del Este con el objetivo de reducir costes y aumentar su competitividad. La empresa está considerando trasladar la gestión de su centro de distribución de España a ese país.

- ¿Qué factores debería considerar la empresa de transporte antes de tomar la decisión de deslocalizar su operación de transporte?
- ¿Cuáles son los posibles impactos de la deslocalización en el sector transporte?
- ¿Cuáles son los principales riesgos asociados a la deslocalización?

Aplicación práctica 2. Beneficios de la globalización

Unidad de aprendizaje 1: Realidad y tendencia actual

La globalización ha tenido un impacto significativo en la industria del transporte, ya que ha abierto nuevas oportunidades de negocio y ha aumentado la competencia en el mercado global.

Eres dueño de una empresa que en el año 2020 tuvo un ingreso total de 10 millones de euros y un costo total de 8 millones de euros. ¿Cuál ha sido el margen de beneficio de la empresa?

Ahora, supón que en el año 2023 tu empresa ha expandido sus operaciones a otros países y ha aumentado su ingreso total a 12 millones de euros. Sin embargo, sus costos operativos también han aumentado a 10 millones de euros debido a la inversión en infraestructura y recursos necesarios para satisfacer las necesidades de tus clientes extranjeros. ¿Cómo consideras que refleja esto la globalización en las empresas?

Aplicación práctica 3. Financiación e internacionalización de pymes

Unidad de aprendizaje 2: Programas de aplicación de PYMES

Eres socio de una empresa de transporte y logística que necesita financiación para renovar su flota de camiones y adquirir nuevos equipos de seguimiento y control de la carga.

¿Qué opción de financiación sería la más adecuada para ellos? Argumenta tu respuesta.

Por otro lado, esta desea expandir su negocio en el mercado internacional. Su objetivo es identificar oportunidades y amenazas en el mercado, estudiar a la competencia y diseñar estrategias de marketing adaptadas a los mercados internacionales.

¿Cuáles son las etapas del PIPE que debe seguir la empresa para lograr su objetivo? Explica cada una de las etapas.

Aplicación práctica 4. Diseño y envío de nuevos productos

Unidad de aprendizaje 3: Transporte internacional

Eres dueño de una empresa de envases y embalaje. Tu equipo de marketing te pregunta sobre el nuevo producto que va a salir al mercado.

1. Elige uno de los tipos de envases y embalajes mencionados en el contenido (cajas de cartón, pallets, contenedores o bolsas) y piensa en un producto que se podría transportar utilizando ese tipo de envase o embalaje.
2. Crea un diseño teniendo en cuenta los criterios de diseño analizados, como la resistencia, la capacidad de protección frente a impactos, la adaptabilidad a diferentes formas y tamaños de productos y la facilidad de almacenamiento y manipulación.
3. Por último, evalúa su diseño y reflexiona sobre cómo contribuiría a la eficiencia de la cadena de suministro, reduciendo costes y aumentando la seguridad y calidad de los productos.

Además, ese nuevo producto se va a enviar internacionalmente por lo que tienes que investigar y hacer un breve resumen sobre las normativas aplicables al tipo de transporte que utilizarías, ya sea marítimo, aéreo o terrestre.

Aplicaciones prácticas

Aplicación práctica 5. Contrato de compraventa internacional

Unidad de aprendizaje 4: Contratación internacional

Imagina que eres el gerente de una empresa exportadora de productos textiles en México, y acabas de cerrar un acuerdo comercial con una empresa importadora de ropa en Estados Unidos. El acuerdo establece que la empresa importadora comprará un lote de ropa por un valor de 50,000 euros, y deberá realizar el pago en un plazo máximo de 60 días después de la recepción de la mercancía.

Elabora un contrato de compraventa internacional (los datos personales podrán ser ficticios) que incluya los siguientes puntos:

- Descripción de las mercancías, el precio y los términos de pago.
- Cláusula de penalización en caso de incumplimiento del contrato por cualquiera de las partes.

Además, incluye como anexo un ejemplo de carta de crédito que garantice el pago.

Aplicación práctica 6. Incoterm FOB

Unidad de aprendizaje 5: Incoterms

Eres un vendedor que se encuentra en España y acabas de firmar un contrato de venta con un comprador que se encuentra en Japón. El comprador ha seleccionado el Incoterm FOB (Free on Board) para la entrega de la mercancía.

La mercancía que se venderá es un lote de 500 unidades de botellas de vino con un valor de 10.000 euros. Además, el comprador ha solicitado que la mercancía sea entregada en el puerto de Barcelona.

Teniendo en cuenta esta información y basándote en las reglas establecidas por el Incoterm FOB, responde las siguientes cuestiones:

- ¿Quién es responsable de la contratación y pago del transporte de la mercancía desde la bodega del vendedor hasta el puerto de Barcelona?
- ¿Quién es responsable de los costos y riesgos de la carga de la mercancía en el transporte marítimo?
- ¿Quién es responsable de la contratación y pago del seguro de la mercancía durante el transporte marítimo?
- ¿Quién es responsable de los costos y riesgos de la descarga de la mercancía en el puerto de destino?
- ¿Cuándo se transfiere la propiedad de la mercancía del vendedor al comprador?

Aplicación práctica 7. Cálculo de costos aduaneros

Unidad de aprendizaje 6: Aduanas

Has importado un contenedor de productos desde China. El valor CIF de la mercancía es de 20.000 euros y el tipo de cambio es de 1 euro = 6 yuanes. La tasa de arancel aplicable es del 10% y la tasa de IVA es del 21%. Calcula el costo total de importación y el monto a pagar en concepto de aranceles e impuestos. Para ello:

- Calcula el valor en euros de la mercancía, multiplicando el valor CIF en yuanes por el tipo de cambio.
- Calcula el monto del arancel, multiplicando el valor CIF en yuanes por la tasa del arancel.
- Calcula la base imponible del IVA, sumando el valor CIF en euros y el monto del arancel.
- Calcula el monto del IVA, multiplicando la base imponible por la tasa de IVA.
- Calcula el costo total de importación siendo esta la suma del valor CIF en euros, el arancel y el IVA, y el monto a pagar en concepto de aranceles e impuestos será la suma del arancel + el IVA.

Aplicaciones prácticas

Ejercicio de evaluación final

1. ¿Cuál es uno de los efectos positivos de la globalización en el entorno económico de las organizaciones?

a. Reducción de la competencia.

b. Limitación del acceso a mercados internacionales.

c. Aumento de la demanda de productos y servicios.

d. Disminución de la internacionalización de las empresas.

2. ¿Cuál es una ventaja de la especialización en empresas de transporte?

a. Aumenta la flexibilidad para adaptarse a cambios en el mercado.

b. Reduce la necesidad de inversión en equipo y capacitación.

c. Permite a las empresas ofrecer servicios personalizados y de alta calidad.

d. Limita la experiencia y conocimientos especializados en un área particular.

3. ¿Cuál es uno de los posibles beneficios de las áreas supranacionales para las empresas de transporte y logística?

a. Aumento de los costos de transporte y logística.

b. Reducción de la competitividad de las empresas en la región.

c. Necesidad de equilibrar los intereses de las empresas competidoras.

d. Acceso a nuevos mercados y reducción de las barreras al comercio internacional.

4. ¿Qué ventaja competitiva pueden tener las Pymes en el sector del transporte y la logística?

a. Flexibilidad.

b. Innovación.

c. Servicio personalizado.

d. Flexibilidad, innovación y servicio personalizado.

5. ¿Cuál es el objetivo principal del Programa de Internacionalización de la Empresa (PIPE)?

a. Aumentar la rentabilidad de la empresa en el mercado nacional.

b. Identificar a la competencia para conocer sus fortalezas y debilidades.

c. Lograr la internacionalización de una empresa mediante la identificación de oportunidades en el mercado internacional y la implementación de estrategias adecuadas para aprovecharlas.

d. Gestionar la logística para el transporte de los productos o servicios desde la empresa hasta el mercado nacional.

6. ¿Cuál es la función de los envases y embalajes en la cadena de suministro?

a. Incrementar los costos y reducir la seguridad y calidad de los productos.

b. Reducir la eficiencia de la cadena de suministro.

c. Contribuir a la protección y conservación de la mercancía durante el transporte.

d. Limitar la adaptabilidad a diferentes formas y tamaños de productos.

7. ¿Qué es la estiba de la mercancía?

a. El conjunto de operaciones necesarias para cargar, descargar, mover y transportar los productos desde el origen hasta el destino final.

b. La colocación ordenada y segura de la carga dentro del vehículo de transporte.

c. Un material utilizado para la manipulación de la mercancía.

d. Un proceso para garantizar la calidad de los productos durante su almacenamiento.

8. ¿Por qué es esencial una adecuada gestión del almacenamiento de productos en el sector del transporte y la logística?

a. Para reducir los costos de producción.

b. Para facilitar el transporte de los productos.

c. Para asegurar que los productos se mantengan en buen estado y se entreguen en las condiciones deseadas.

d. Para mejorar la eficiencia en la distribución de los productos.

9. ¿Cuál es la función principal de los transitarios en el transporte de mercancías?

a. Realizar el transporte terrestre de mercancías.

b. Ofrecer servicios de seguimiento y control de envíos en tiempo real.

c. Actuar como intermediarios entre el exportador/importador y los diferentes agentes implicados en el transporte.

d. Ofrecer servicios de consultoría fiscal a sus clientes.

10.¿Cuál es una de las ventajas del transporte terrestre?

a. Es la opción más económica para envíos de larga distancia.

b. Ofrece tiempos de tránsito más cortos que otros medios de transporte.

c. Es la opción más común para envíos urgentes y de alta prioridad.

d. Ofrece un alto nivel de flexibilidad y rapidez en envíos de corta y media distancia.

11.¿Qué es la carta de porte internacional en el transporte internacional de mercancías?

a. Una normativa aplicable en el transporte marítimo.

b. Un documento de título de propiedad y de pago.

c. Una medida de protección financiera.

d. Una cobertura adicional del seguro de transporte.

12.¿Qué es una de las principales características de la compraventa de mercancías a nivel internacional?

   a. La necesidad de conocer las leyes tributarias de los países involucrados.

   b. La gestión del riesgo de fluctuaciones en los tipos de cambio.

   c. La coordinación de los envíos de mercancías entre países.

   d. El aseguramiento de la calidad de las mercancías durante el transporte.

13.¿Cuál de las siguientes características es esencial para que una oferta sea válida en la compraventa internacional de mercancías?

   a. Que la oferta identifique específicamente los bienes ofrecidos, incluyendo su cantidad, calidad y precio.

   b. Que el oferente no esté dispuesto a celebrar un contrato en los términos ofrecidos.

   c. Que el comprador no tenga conocimiento efectivo de la oferta.

   d. Que la oferta sea aceptada en términos diferentes a los ofrecidos sin necesidad de contraoferta.

14.¿Cuál es una forma de minimizar el riesgo para el vendedor en un contrato de compraventa internacional?

   a. Contrato de compraventa con pago a plazos.

   b. Contrato de compraventa con pago a la entrega.

   c. Contrato de compraventa con pago anticipado.

   d. Ninguna de las anteriores.

15.¿Qué es una carta de crédito en el comercio internacional?

a. Un documento que establece el precio de las mercancías a ser compradas y vendidas en una transacción internacional.

b. Un instrumento financiero emitido por un banco para garantizar el pago entre el comprador y el vendedor de las mercancías.

c. Un acuerdo entre el comprador y el vendedor para realizar el pago en cuotas durante un período de tiempo determinado.

d. Un certificado de calidad emitido por una organización independiente para asegurar la calidad de las mercancías en una transacción internacional.

16.¿Qué establecen los Incoterms en el comercio internacional?

a. Los derechos y obligaciones de los compradores y vendedores.

b. Las leyes y regulaciones de los países en el comercio internacional.

c. Los costos y riesgos asociados a la transacción.

d. Los acuerdos de pago entre compradores y vendedores.

17.¿Qué grupo de Incoterms es conocido como "Entrega principal no pagada"?

a. Grupo E.

b. Grupo F.

c. Grupo C.

d. Grupo D.

18.¿Qué es la declaración aduanera?

a. Un documento que incluye información detallada sobre las mercancías, su valor, origen y destino, y los impuestos y aranceles aplicables.

b. Un conjunto de procedimientos y normas que regulan el flujo de mercancías entre países.

c. El proceso mediante el cual se autoriza la importación o exportación de mercancías.

d. Un tipo de medida especial para ciertos tipos de mercancías.

19.¿Qué es el arancel común en la Unión Europea?

a. Una lista de productos locales y extranjeros.

b. Un sistema de tarifas para proteger la producción local y recaudar fondos.

c. Una norma de origen para determinar si un producto es local o importado.

d. Una lista de productos y sus correspondientes aranceles que no varían según el país de origen.

20.¿Qué es el Sistema Armonizado?

a. Un sistema de clasificación de productos para el mercado local.

b. Un sistema de clasificación de productos para el mercado internacional.

c. Un sistema de clasificación de productos para la recolección de datos estadísticos-

d. Un sistema de clasificación de productos para la elaboración de tarifas arancelarias.

Solucionario

U. A. 1. Realidad y tendencia actual

1. c	**6.** b
2. a	**7.** a
3. b	**8.** b
4. c	**9.** a
5. b	**10.** b

U. A. 2. Programas de aplicación de PYMES

1. a	**6.** b
2. b	**7.** a
3. a	**8.** c
4. a	**9.** c
5. c	**10.**a

U. A. 3. Transporte internacional

1. b	**6.** a
2. d	**7.** c
3. a	**8.** d
4. a	**9.** b
5. b	**10.**c

U. A. 4. Contratación internacional

1. c	**6.** b
2. d	**7.** d
3. d	**8.** b
4. b	**9.** d
5. d	**10.**d

U. A. 5. INCOTERMS

1. b	**6.** d
2. c	**7.** d
3. c	**8.** d
4. a	**9.** b
5. c	**10.**d

U. A. 6. Aduanas

1. b	**6.** c
2. c	**7.** c
3. b	**8.** d
4. b	**9.** c
5. d	**10.**c

Bibliografía

Monografías

ÁLVAREZ, JOSE FRANCISCO (2021). *Transporte internacional de mercancías*. Paraninfo.
El libro aborda diversos temas relacionados con el comercio internacional, incluyendo su historia y evolución, cómo realizar operaciones de comercio internacional, la función de las aduanas y la seguridad de las mercancías, el seguro de transporte, los acuerdos de transporte internacional, los términos comerciales internacionales (Incoterms), los aspectos generales del transporte de mercancías y los distintos tipos de transporte disponibles.

Legislación

Directiva 2008/118/CE del Consejo, de 16 de diciembre de 2008.

Reglamento (CE) n.º 1223/2009 del Parlamento Europeo y del Consejo, de 30 de noviembre de 2009.

Reglamento (CE) n.º 450/2008 del Parlamento Europeo y del Consejo, de 23 de abril de 2008.

Reglamento (UE) n.º 2016/1627 de la Comisión, de 14 de septiembre de 2016.

Reglamento (UE) n.º 952/2013 del Parlamento Europeo y del Consejo, de 9 de octubre de 2013.

Textos electrónicos

Sánchez García, María Dolores. *Manual de prevención carga y estiba en el transporte* [En línea]. Dirección URL: <https://academia-formacion.com/wp-content/uploads/2022/09/TEMARIO-CURSO-CARGA-Y-ESTIBA-EN-EL-TRANSPORTE.pdf>

Webgrafía

Código Aduanero y disposiciones de aplicación del Código Aduanero
https://sede.agenciatributaria.gob.es/Sede/Norm_aduanera/codigo_aduanero.html

Contrato transporte internacional de mercancías por vía aérea
https://www.isli.institute/es/herramientas/contrato-transporte-internacional--mercancias-aereo

Deslocalización empresarial: Qué es y sus consecuencias
https://retos-operaciones-logistica.eae.es/deslocalizacion-empresarial/

Documentos de control
https://comercio.gob.es/ImportacionExportacion/Regimenes/Paginas/Documentos-de-Control.aspx

Estadísticas accidentalidad en el transporte de mercancías peligrosas por carretera
https://www.mitma.gob.es/areas-de-actividad/transporte-terrestre/mercancias-peligrosas-y-perecederas/estadisticas

La hiperespecialización, el próximo gran reto de la logística según UNO
https://noticiaslogisticaytransporte.com/empresas/07/10/2021/la-hiperespecializacion-el-proximo-gran-reto-de-la-logistica-segun-uno/171404.html

Bibliografía

Mejores programas de gestión de almacén

https://utildigital.com/programas-de-gestion-de-almacen/

Qué son los Incoterms y cómo afectan en la responsabilidad y la necesidad de un seguro

https://www.dsv.com/es-mx/conocimientos/libros-blancos/incoterms-y-seguros-de-mercancias

Transporte seguro y sostenible: Unión Europea

https://european-union.europa.eu/priorities-and-actions/actions-topic/transport_es